高等院校立体化创新经管教材系列

基础礼仪实操教程
(第 2 版)

马玲玉　朱　睿　主　编

清华大学出版社
北　京

内 容 简 介

本书是一本可用于高校、企业、单位团体等进行礼仪素质教育的专业教材,通过大量实操图示和简单易懂的语言,系统地讲解了现代礼仪的规范,以达到让读者快速掌握礼仪实操要领的目的。

本书内容丰富,涵盖面广,从集体生活礼仪到不同场合的仪容仪表、语言礼仪、服饰搭配、仪态礼仪(比如,求职的面试礼仪),再到各种社会交往礼仪、大型活动礼仪、日常接待(服务)礼仪以及具有重要意义的各种场合位序礼仪、公共空间礼仪等,均有讲解。

本书包含基础礼仪实操标准、操作要领、注意事项、礼仪禁忌及其相关知识的拓展。

本书既可作为高等院校公共基础课教材,也可作为机关、团体在职人员和管理人员礼仪培训与自学用书。

本书封面贴有清华大学出版社防伪标签,无标签者不得销售。

版权所有,侵权必究。举报: 010-62782989, beiqinquan@tup.tsinghua.edu.cn。

图书在版编目(CIP)数据

基础礼仪实操教程/马玲玉,朱睿主编. —2 版. —北京: 清华大学出版社,2022.7
高等院校立体化创新经管教材系列
ISBN 978-7-302-61102-8

Ⅰ. ①基… Ⅱ. ①马… ②朱… Ⅲ. ①礼仪—高等学校—教材 Ⅳ. ①K891.26

中国版本图书馆 CIP 数据核字(2022)第 101045 号

责任编辑: 陈冬梅
封面设计: 刘孝琼
责任校对: 徐彩虹
责任印制: 宋 林

出版发行: 清华大学出版社
网　　址: http://www.tup.com.cn, http://www.wqbook.com
地　　址: 北京清华大学学研大厦 A 座　　邮　　编: 100084
社 总 机: 010-83470000　　邮　　购: 010-62786544
投稿与读者服务: 010-62776969, c-service@tup.tsinghua.edu.cn
质量反馈: 010-62772015, zhiliang@tup.tsinghua.edu.cn
课件下载: http://www.tup.com.cn, 010-62791865

印 装 者: 三河市金元印装有限公司
经　　销: 全国新华书店
开　　本: 185mm×260mm　　印 张: 14.25　　字 数: 255 千字
版　　次: 2017 年 9 月第 1 版　2022 年 7 月第 2 版　印 次: 2022 年 7 月第 1 次印刷
定　　价: 48.00 元

产品编号: 092933-01

前　　言

随着社会主义精神文明的发展，礼仪知识被视为大学生必须掌握的知识，无论考研还是就业，对此都有要求，特别是一些重要单位、关键岗位对求职大学生的礼仪素养要求更高，高校也因此加强对学生的礼仪教育。多年来，我们一直受北大、清华、北航、中国农业大学等北京十几所高校邀请，为大学生开设专题礼仪讲座。同学们纷纷表示希望能有一本专门针对基础礼仪实操的教材帮助学习和理解，因此，触发了我们编写《基础礼仪实操教程》的思考。

光阴似箭，转瞬间，由清华大学出版社出版的国家十三五规划教材《基础礼仪实操教程》一书已经发行了整整 5 年。令人欣慰的是，该书自发行以来很受欢迎，成为许多大学的礼仪教材和高校学生考研、求职面试的参考书，发行量逐步扩大，实现了我们编写这本教材的初衷。但是，当时由于编者及各方面的原因，使本教材存在一定的局限性，随时间的推移，在使用过程中，我们也发现了本教材急需增补一些知识。与此同时，读者也多次提议该教材应与时俱进，增加"实战"需要的内容，以适应改革的需要。作为一本大学教材，应当更加全面、系统、完善，必须紧跟该领域的发展，满足该领域的需求，才能真正起到促进教育水平提升的作用。在自身责任感和社会需求的推动下，促使我们在最短时间内完成了第 2 版编写。清华大学出版社及时组织了本教材的第 2 版出版工作，使本教材在满足需求的同时，也再次站在了教材建设的前沿。

本教材沿袭了前一版《基础礼仪实操教程》的基本思路，从礼仪概念开始，对礼仪实操进行了更加系统、全面、深入的阐述，并对不足之处修改补充。除内容与时俱进更新之外，本书两个最大的变化就在于：第一，制作了与教材重点章节和教学难点相对应的礼仪实操视频，让礼仪实操教学变得更加直观，更加规范，更加简单易学；第二，单独编写了第十章"礼仪知识在求职过程中的应用"，将前面所学到的基础礼仪知识与求职实践相结合，同时，充分利用作者曾经的面试主考官经历，对当前环境下大学生求职实践进行全程介绍，内容涵盖简历书写与投送、面试礼仪与面试技巧，其中有许多面试经验分享，对于读者理论联系实际、积累求职应聘经验，促进就业理念提升有积极意义和很好的实际应用体验。"礼仪知识在求职过程中的应用"一章主要满足大学生求职需要，填补了其他礼仪类教材没有求职过程中礼仪指导的空白。

在本书的编写过程中，朱睿主要完成第五章、第六章、第七章的编写任务，马玲玉则完成其他章的编写，并对全书进行了总的把关。

本书的视频录制由马玲玉指导，陈莹组织实施，在此对陈莹和参加拍摄的佘塙炇、茆钰荧、王星凯、陈美玲同学表示感谢。

本书引用了国内有关专家、学者的著作及相关网站上一些资料，绝大多数已在参考文献中列出，在此深表谢意。

中华礼仪随着社会的发展不断向前，基础礼仪也是如此。在探讨基础礼仪实操过程中，我们虽然一直在进行有益的尝试与探索，但由于学术水平、研究能力和教学经验诸方面的限制，仍有许多缺憾，恳请读者批评指正。

编　者

目　　录

第一章　基础礼仪实操概述..................1
　第一节　基础礼仪与规范操作..................1
　第二节　礼仪标准操作的意义..................2
　第三节　什么是基础礼仪实操..................3
　第四节　基础礼仪实操的基本理念..................3
　　一、充分体现尊重..................3
　　二、善于表达尊重..................4
　　三、表达尊重的形式规范..................4
　　四、表达尊重要动作高雅..................4
　思考与练习..................4

第二章　仪容仪表语言礼仪..................5
　第一节　妆容礼仪..................5
　　一、发型要求..................5
　　二、手部要求及其护理..................7
　　三、个人卫生要求..................8
　　四、女性日常化妆..................9
　　五、女士化妆礼仪..................19
　第二节　男士正装礼仪..................19
　　一、男士西装礼仪..................19
　　二、男士中山装礼仪..................23
　第三节　女士正装礼仪..................24
　　一、女士西装礼仪..................25
　　二、女士旗袍礼仪..................26
　第四节　制服礼仪..................27
　　一、制服礼仪原则..................27
　　二、穿着制服的注意事项..................28
　　三、穿着制服的禁忌..................28
　第五节　不同场合着装礼仪..................29
　　一、舞会、晚会、宴会、联欢会着装礼仪..................29
　　二、休闲场合着装礼仪..................30
　第六节　首饰佩戴礼仪..................32
　　一、女性首饰礼仪..................32
　　二、男性首饰礼仪..................34

　第七节　语言礼仪..................35
　　一、谈话讲究语音、语调、语速..................35
　　二、礼貌用语..................36
　　三、语言礼仪运用技巧..................36
　思考与练习..................38

第三章　仪态礼仪..................39
　第一节　目光礼仪..................39
　　一、目光礼仪原则..................40
　　二、目光(眼神)训练..................41
　　三、目光交流注意事项..................42
　　四、社交场合目光禁忌..................42
　第二节　微笑礼仪..................43
　　一、微笑的意义..................43
　　二、微笑的礼仪原则及训练..................43
　　三、微笑的注意事项..................48
　　四、微笑的禁忌..................49
　第三节　站姿礼仪..................50
　　一、站姿的意义..................50
　　二、站姿礼仪原则..................50
　　三、站姿的分类及特点..................51
　　四、站姿的要领..................55
　　五、站姿训练方法..................56
　　六、站姿禁忌..................57
　第四节　走姿礼仪..................59
　　一、走姿的意义..................59
　　二、走姿礼仪原则..................59
　　三、走姿的要领..................59
　　四、走姿训练..................59
　　五、走姿注意事项..................60
　　六、走姿禁忌..................61
　第五节　坐姿礼仪..................61
　　一、坐姿的意义..................61
　　二、坐姿礼仪原则..................61
　　三、坐姿的要领..................62

四、坐姿实操训练..................62
　　五、入座、离座时注意事项..................66
　　六、坐姿的禁忌..................66
第六节　蹲姿礼仪..................68
　　一、蹲姿的意义..................68
　　二、蹲姿礼仪原则..................69
　　三、蹲姿要领..................69
　　四、标准蹲姿训练..................69
　　五、蹲姿注意事项..................70
　　六、蹲姿禁忌..................70
思考与练习..................71

第四章　社交礼仪..................72

第一节　通信礼仪..................72
　　一、办公室电话礼仪..................72
　　二、移动电话礼仪..................74
　　三、电子邮件礼仪..................75
　　四、短信、微信礼仪..................76
第二节　握手礼仪..................78
　　一、握手的意义..................78
　　二、握手的礼仪原则..................78
　　三、握手礼仪实操..................79
　　四、握手的注意事项..................80
　　五、握手的禁忌..................81
第三节　鞠躬礼仪..................81
　　一、鞠躬的意义..................81
　　二、鞠躬礼仪原则..................82
　　三、鞠躬礼注意事项..................85
　　四、鞠躬礼禁忌..................86
第四节　介绍礼仪..................86
　　一、介绍的意义..................86
　　二、介绍的礼仪原则..................86
　　三、介绍人由谁来当..................88
　　四、介绍的注意事项..................89
第五节　称呼与问候礼仪..................89
　　一、称呼与问候的意义..................90
　　二、称呼礼仪与问候礼仪..................90
第六节　名片礼仪..................94
　　一、名片的意义..................94
　　二、名片的使用..................94
　　三、名片的管理与存放..................94
　　四、名片交换时机..................94
　　五、名片交换礼仪..................95
　　六、名片交换注意事项..................96
　　七、名片交换的禁忌..................97
第七节　交谈礼仪..................98
　　一、交谈的意义..................98
　　二、交谈的四项重要礼仪..................98
　　三、交谈注意事项..................100
　　四、交谈禁忌..................101
第八节　拜见与拜访礼仪..................101
　　一、拜见与拜访的意义..................101
　　二、拜见与拜访的分类..................101
　　三、拜见、拜访准备..................101
　　四、拜见、拜访礼仪实操..................102
　　五、拜见与拜访注意事项..................103
第九节　家庭待客礼仪..................104
　　一、礼貌待客..................105
　　二、注重送客礼仪..................106
思考与练习..................108

第五章　日常接待（服务）礼仪..................109

第一节　标准引领手位..................109
　　一、引领的意义..................109
　　二、标准引领手位的意义..................109
　　三、标准引领手位实操..................110
　　四、引领手位注意事项..................114
　　五、引领手位禁忌..................115
第二节　接待礼仪..................115
　　一、接待的意义..................115
　　二、接待引导的礼仪..................115
　　三、乘车位序礼仪..................119
第三节　电梯礼仪..................122
　　一、乘坐电梯礼仪..................123
　　二、电梯引领礼仪..................125
　　三、乘电梯注意事项..................127
　　四、电梯安全禁忌..................128
　　五、乘自动扶梯礼仪..................128

目录

第四节　端的礼仪 130
　　一、端的礼仪要求与实际操作 131
　　二、端的注意事项 132
　　三、端的禁忌 133
第五节　拿的礼仪 133
　　一、"拿"的释义 133
　　二、"拿"的礼仪要求 133
　　三、"拿"的礼仪实操 133
　　四、拿的注意事项 136
　　五、拿的禁忌 136
第六节　倒、续的礼仪 136
　　一、倒、续的礼仪要求 136
　　二、"倒"的礼仪实操及注意事项 136
　　三、"续"的礼仪实操 138
第七节　递、接的礼仪 140
　　一、递、接的礼仪原则 140
　　二、递、接的礼仪实操 140
　　三、递、接物品注意事项 141
　　四、递、接物品禁忌 141
第八节　开、关门的礼仪 143
　　一、开、关门的礼仪原则 143
　　二、开、关门的礼仪实操 143
　　三、开、关门注意事项 144
　　四、开、关门禁忌 145
思考与练习 145

第六章　大型活动礼仪 146

第一节　迎宾礼仪 146
　　一、迎宾的意义 146
　　二、迎宾礼仪人员的要求 147
　　三、迎宾注意事项 147
　　四、迎宾禁忌 148
第二节　酒会礼仪 148
　　一、酒会的分类 148
　　二、酒会的特点 149
　　三、酒会的筹备 150
　　四、用餐礼仪 150
　　五、交际方式 151
　　六、告辞 151

第三节　斟酒礼仪 151
　　一、斟酒 151
　　二、斟酒注意事项 153
　　三、斟酒禁忌 155
第四节　送客礼仪 157
　　一、送客礼仪原则 157
　　二、送客礼仪实操 157
思考与练习 158

第七章　位序礼仪 159

第一节　会议位序 160
　　一、大会主席台座次 160
　　二、小型会议座次安排 162
第二节　汇报、会谈、多边会议、会见
　　　　座次 163
　　一、汇报、会谈、多边会议座次 163
　　二、会见座次 165
第三节　国旗悬挂位序礼仪 166
　　一、双边会议、会见国旗悬挂位序
　　　　礼仪 166
　　二、多边会议国旗悬挂位序礼仪 167
第四节　签字仪式座次礼仪 167
　　一、并列式签字仪式座次礼仪 167
　　二、相对式签字仪式座次礼仪 168
　　三、主席式签字仪式座次礼仪 169
第五节　中西餐位序礼仪 169
　　一、中餐位序礼仪 169
　　二、西餐座次排序 175
第六节　其他场合的位序礼仪 177
　　一、剪彩、奠基、揭牌仪式的位序
　　　　礼仪 177
　　二、合影的位序礼仪 178
思考与练习 179

第八章　集体生活礼仪 180

第一节　宿舍生活礼仪 180
　　一、遵守纪律 181
　　二、保持宿舍卫生 181
　　三、不随便使用他人物品 181

四、注重言谈文明 182
  五、尊重他人隐私 183
  六、相互包容，互谅互让 183
  七、友爱互助 184
  八、相互信任 184
  九、宿舍串门和接待 185
  十、经济往来 185
  十一、自我管理 186
 第二节 公共场所礼仪 186
  一、食堂就餐礼仪 187
  二、图书馆礼仪 187
  三、运动场礼仪 188
  四、大会、典礼礼仪 189
 思考与练习 190

第九章 公共礼仪 191

 第一节 乘坐公共交通工具的礼仪 ... 191
  一、乘飞机的礼仪 192
  二、乘坐其他交通工具的礼仪 193
  三、候机(候车)相关礼仪 195
 第二节 驾驶交通工具礼仪 196
  一、驾驶机动车礼仪 196
  二、骑自行车(非机动车)的礼仪 ... 197
 第三节 观看文体节目礼仪 198
  一、遵守时间 198
  二、注重仪容仪表 198
  三、文明行为 199
  四、注意事项 201
  五、遵守安全规则 201
 第四节 入住宾馆、酒店礼仪 202
  一、宾馆、酒店预订礼仪 202

  二、宾馆、酒店入住礼仪 202
  三、客房礼仪 202
  四、入住宾馆、酒店注意事项 204
  五、离酒店礼仪 206
 第五节 出国旅游礼仪 206
  一、文明出行是公民基本素质的
    体现 206
  二、境外旅游文明住宿 209
  三、文明旅游 209
  四、旅游注意事项 210
  五、旅游禁忌 211
 思考与练习 211

第十章 礼仪知识在求职过程中的
    应用 212

 第一节 简历书写与投送礼仪 212
  一、简历书写礼仪 212
  二、简历投送礼仪 213
  三、注意事项 214
 第二节 电话考察礼仪 214
  一、防止"前倨后恭" 214
  二、防止"答非所问" 215
  三、防止"表达不清" 215
 第三节 面试礼仪与面试技巧 215
  一、面试礼仪 215
  二、面试技巧 217
  三、求职面试注意事项和禁忌 218

参考文献 219

后记 220

第一章 基础礼仪实操概述

学习目标

掌握基础礼仪实操的意义和基础礼仪实操的理念。

学习任务

掌握基础礼仪实操的意义和基础礼仪实操的理念,了解基础礼仪与规范操作之间的关系,为下一步的实操学习奠定基础。

基础礼仪是每个公民都应当具备的礼仪素质,是建设社会主义精神文明的需要。本章主要介绍基础礼仪实操概论,以提高读者对基础礼仪的认识水平。

第一节 基础礼仪与规范操作

《中国礼仪大辞典》[1]关于礼仪的定义:礼是指特定的民族、人群或国家基于客观历史传统形成的,以确定维护社会等级秩序为核心内容的价值观念、道德规范以及与之相适应的典章制度、行为方式。仪是礼的表现形式,包括法度、准则、典范、表率、形式、仪式、容貌、风度、礼物等。

礼和仪是两个不同的概念。礼是制度、规则,仪是礼的外在表现形式。礼仪是依据礼的规定和内容形成的一套完整的以"尊敬"为核心内容的系统和程序。

礼仪与古人的祭祀活动有关。后来原始的礼仪被引入宗法社会,延伸为区分尊卑贵贱等级的严格的礼法法典,之后扩展到政治体制,形成了一整套维护统治秩序的系统而完整的社会治理程式,进而礼仪又成为人们日常的行为准则。

---

[1] 周文柏. 中国礼仪大辞典[M]. 北京:中国人民大学出版社,1999.

现代礼仪最简单的释义是：在人际交往中体现尊重的礼节和仪式。"礼者敬人"，是现代礼仪的核心，仪是礼的表现形式，换言之，如果我们要表达对他人的尊重，就必须使用大家共同认可的仪式或动作。

中国是一个有着 5000 年文明史的泱泱大国，对于礼仪实操早有标准和规定，《弟子规》中就有关于基础礼仪的实操要求："步从容，立端正。揖深圆，拜恭敬。勿践阈，勿跛倚。勿箕踞，勿摇髀。缓揭帘，勿有声。宽转弯，勿触棱。执虚器，如执盈。"几千年来，人们重视道德修养和文明礼貌，并不断地学习和传承，使中国传统礼仪文化得到最大限度的继承和发扬。即使在不断扩大对外开放的今天，中华文明也以其独有的包容、吸收特性，对外来礼仪文明形成包容、学习、吸收、使用的大好局面，让现代礼仪文明融入传统的中华礼仪文化之中，形成中华传统礼仪文化与现代礼仪文明完美结合，实现了中华礼仪文化的飞跃发展。

现代礼仪汇集了现代东西方文化的精粹，以优雅、自然、大方、简单、富于美感、可操作性强为特征，形成了一套系统、规范、标准的礼仪模式，比如致意、微笑、握手、站姿等，以至于现在只要谈到礼仪，许多人的脑子里立即就会出现标准致意身体要前倾多少度、微笑要露出几颗牙、红酒在酒杯中应该是几分满等场景。这些礼仪标准不仅在中国如此，在外国也是这样。由此可见，现代礼仪离不开标准规范的动作和形式。基础礼仪就是现代礼仪中最常用、最基本、最核心的部分。

第二节 礼仪标准操作的意义

礼仪在人际交往过程中表示尊敬、祝颂的规范形式称为礼节，"礼节者，仁之貌也"（《礼记·儒行》）。礼仪在言语、动作上的表现称为礼貌。

现代礼仪对礼貌、礼节要求很高，既要有干净整洁的仪容仪表，又追求优雅端庄、阳刚潇洒的仪态；既要有标准姿态、规范手势，又要表情自然、行为检点。讲求标准、规范的仪容仪表、形体动作和形式，其最终目的只有一个——通过展示素质、修养，让对方感受到被尊重。

规范的形式和标准的行为动作是礼仪的基础，能带给人美的感受。"诚于中则形于外"，只有具备了高尚的道德情操，才能自我约束，养成儒雅的风度；只有有道德、有修养的人才能注重文明，才能懂得如何尊重别人，才能通过文明、规范、标准的行为带给他人美好感受。

有的人假文明，外表看似光鲜亮丽，行为却极不文明，是典型的"金玉其外，败絮其中"。如电视上曾播放的：2013 年 7 月 11 日，在普罗旺斯南法薰衣草田里，两伙中国游客为抢拍照位置大打出手；某日，苏黎世到北京的航班上，两名喝了酒的中国乘客在飞机上发生纠纷，进而大打出手，甚至还打了来劝架的乘务长，导致飞机被迫返航等。这些不文明行为不仅降低了自己的人格，也侮辱了自己的国格。

个人礼仪属于社会文化的一种，它是构成社会精神文明的基本要素，也是一个国家文化与传统的象征，更是一个国家治国教民的方法与社会文明程序、道德风尚和生活习惯到反映。通过简单易学的基础礼仪实操学习，可使社会成员学以致用，自觉地按社会文明的要求调整行为，抛弃陋习，最终将自己的言行纳入符合现代礼仪标准的轨道，以顺应社会发展的潮流。

做文明人，明辨礼与非礼的界限。一个人如何让他人感受到自己的素质修养，又如何让他人感受到被尊重程度，主要是通过对方的行为举止来判断。美的仪容仪表，标准规范、高雅端庄的动作，是最能使他人体会到被尊重的形式。这也正是基础礼仪实操要解决的问题。

第三节　什么是基础礼仪实操

礼仪是通过礼节和礼貌来展现的。"相由心生，言由心发，行于心表"，能够让被尊重对象直接体会到尊重的礼仪形式不外乎仪容仪表、肢体动作、表情、眼神、话语等。

基础礼仪实操，就是通过对妆容、服饰、语言、眼神、表情、肢体语言和各种形式、仪式进行规范、标准的训练，使妆容、服饰、眼神、语言、表情、肢体语言和各种形式、仪式的表达符合礼仪标准，展现礼仪魅力，突出现代审美取向，从而达到表达礼仪核心思想的目的。

基础礼仪实操是表达尊重的最好媒介，是社会交往的友谊桥梁，是一切礼仪活动的基石。今天人们所说的商务礼仪、政务礼仪等，其核心内容就是基础礼仪。

通过基础礼仪实操教学，明确妆容要求、规范礼仪行为、统一动作标准、修饰语言艺术，可给人美的感受，达到"让他人体会到被尊重"的目的。

第四节　基础礼仪实操的基本理念

礼仪并不仅限于言谈和举止，从根本上说，它是一个人内在素养的外在表现。真正受人称道的礼仪是由内而外的，心里有"礼"，举止才能合"仪"。因此提高礼仪修养，首先要树立正确的理念。基础礼仪实操的基本理念主要包括以下四个方面。

一、充分体现尊重

不论学习还是运用基础礼仪，关键是要牢记尊重为本，时时处处事事尊重在先，尊重所有的人。当然，尊重别人，首先要尊重自己，必须严于律己、自尊自爱、宽怀包容，"己所不欲勿施于人"。如果一个人对自己都不尊重，就不可能尊重别人。尊重自己的交往对象应当是一种自觉的、由衷的行为，体现着自己的道德、学识和修养，而不是装出来的。

二、善于表达尊重

尊重别人只在心里尊重是不够的,还必须善于表达,否则,别人无法感受到被尊重。表达尊重不仅要有"礼",还要有"仪"。"仪"就是恰到好处地向别人表达尊重的形式。这些表达形式不可或缺,没有具体的表达形式,尊重就无法让别人感知。比如,在接待来访者时,如果我们不使用规范的接待礼仪,即"来有致意""坐有位序""去有送行",就会使客人感受不到被尊重,即使你是打心眼里尊重对方的,但别人感受到的可能只有你的冷漠。

三、表达尊重的形式规范

除了尊重为本、善于表达之外,还必须讲究形式规范。形式规范,是要以标准化、规范化的具体形式来表达自己对他人的尊重。如果形式不规范,他人不仅体会不到尊重,还可能会闹出不愉快。比如,上级来检查工作,听取汇报,如果没有准备相应的会议室,没有按照"面门为上,居中为上,右高左低"的原则安排会议室的座次,上级领导就感觉不到受尊重,而感受到的是下级对上级的不尊重。

四、表达尊重要动作高雅

讲究动作高雅,就是要求不仅要有尊重别人的愿望,要有表达礼仪的行为动作,还要求这种行为动作标准规范、符合规矩、美观大方,让人在感受到尊重的同时,感受到美。

社交场合,待人接物讲不讲礼仪、形式和标准规范高雅的动作到不到位,既能反映自身素质的高低,又可体现整体的文明程度的高低。

思考与练习

1. 我们为什么要学习礼仪?
2. 为什么强调动作的标准化?
3. 你是如何向他人表达尊重的?

第二章 仪容仪表语言礼仪

学习目标

掌握正确的仪容、仪表和语言礼仪。

学习任务

掌握正确的仪容、仪表和语言礼仪实操方法。学会妆容整理,正装穿着和语言文明使用。

阿尔伯特·马布蓝(Albert Mebralian)经过长期的研究提出,在与人交往过程中,别人对你的第一印象有 7% 来自你说话的内容,有 38% 来自你表达的语言、语气和手势等,而有 55% 来自你的外表。可见,一个人的外表和语言会影响别人对自己的判断。

仪容仪表和语言礼仪不仅在社交中影响他人对自己的看法,在求职、考研等面试过程中也会影响考官对自己的评价。因此,应该注重自己的仪容仪表以及语言礼仪,给他人良好的第一印象。

本章主要针对社交活动中个人卫生、容颜美化、着装服饰、语言等方面的礼仪进行实操指导。

第一节 妆 容 礼 仪

妆容礼仪是一切礼仪的基础,除了表现对所有人的尊重之外,还能通过美化容颜获得自信。妆容礼仪应该年年讲,月月讲,日日讲,时时讲。妆容礼仪的要求有以下几点。

一、发型要求

发型是一个人文化素养、审美取向的体现。换句话说,一个人的发型从某种程度上可以体现他的内心世界。

(一)女性发型要求

发型整理应遵循"头发健康、有光泽、自然黑色；干净利落、美观大方、无头皮屑；发型梳理与服装协调、与活动场合搭配"的礼仪原则。

女士发型要求.mp4

1. 工作场所发型

1) 长发

长发束起或盘于脑后。

礼仪原则：两鬓光洁，无耳发；刘海可卷可直，但必须保持在眉毛上方。

发饰：只限简单的式样，一般不戴花色，可使用无饰物的黑色发卡固定头发，不要使用发箍及彩色发卡，如图2-1所示。

(a) 盘发正面　　　　　(b) 盘发侧面　　　　　(c) 束发

图 2-1　长发

为什么要束发、盘发？

首先，基于卫生要求。头发不慎掉在衣服上会显得不卫生，披肩长发也不利于社交活动，比如，握手、鞠躬、倒茶水等。

其次，彰显美观。束发、盘发更显得整个人干净、整洁、干练。

2) 短发

礼仪原则：发型不宜奇特，长度不得短于两寸，以前不遮眉及面部、后不过衬衣领底线为宜。烫发不得蓬乱，要求美观、自然，修饰得体，既能展露个人气质，又不过分夸张。

刘海：可卷可直，但必须保持在眉毛上方，如图2-2所示。

图 2-2　女士短发

2. 社交场所发型

礼仪原则：与社交场所相适应，与服装、服饰相匹配，以能充分展现个人魅力、展示审美品位、符合自己的身份为宜，如图2-3所示。

图2-3 礼服与发型搭配

(二)男性发型要求

男性不论在什么场所,都应以短发为宜。

礼仪原则:轮廓分明,两侧鬓角不得长于耳廓中部,发尾最长不得超过衣领上限,前部必须保持在眉毛上方。每个月至少修剪一次头发,如图2-4所示。

注意事项:保持发型修剪得体,如有蓬乱的感觉,可以使用发胶固定。

忌:光头或留怪异发型。

男士发型要求.mp4

手部要求及护理.mp4

图2-4 男士发型

二、手部要求及其护理

在社交场合,手的作用至关重要。一双清洁的手肯定受人欢迎,而一双脏手却可能连自己也不好意思伸出来与人相握。因此,手部的卫生很重要。

(一)手部卫生要求

1. 女性

礼仪原则:双手清洁、健康。

指甲:修剪整齐美观,不涂或只涂透明指甲油,无指甲油脱落现象,指甲长度不超过手指尖2毫米。

2. 男性

礼仪原则:双手清洁、健康,无烟熏痕迹。

指甲:保持清洁,修剪整齐,指甲长度不超过手指尖2毫米。

(二)手部护理

如何才能保持手部皮肤光滑细腻？这需要定期进行一些必要的护理，即每周坚持做一次手部按摩和手膜。

1. 手部按摩

具体方法：在做手部按摩之前，先修剪指甲，然后用洗手液把手洗净，涂上护手霜，按照如图2-5所示的顺序按摩双手5分钟，按摩完成后洗净双手。

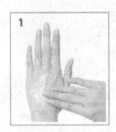 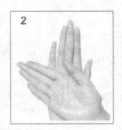 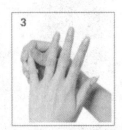
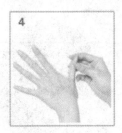 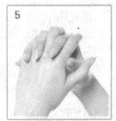 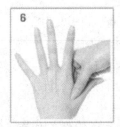 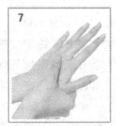

图 2-5　手部按摩顺序

2. 手膜

具体方法：在整个手部到手腕处均匀地涂上一层厚厚的护手霜，然后戴上一次性薄膜手套，20分钟后取下手套，清水洗净之后再擦上护手霜即可，如图2-6所示。

 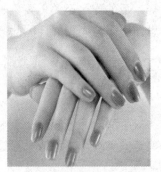

(a) 戴薄膜手套　　　　　　(b) 涂护手霜

图 2-6　手膜

三、个人卫生要求

讲究个人卫生是给人良好的第一印象的基础。一个体味很重或有口臭的人是很难让人接近的，一个不修边幅或头发油腻的人也很难获得他人的尊重，因此，应特别注意个人卫生。

(一)个人卫生标准

个人卫生标准为：身体无异味，口腔无异味，干净、整洁。

(二)个人卫生原则

个人卫生原则："六勤、两不、四注意"。

"六勤"：即勤洗脸，保持面部整洁；勤洗手，保持手部清洁；勤洗澡，保持无体味；勤理发、修面；勤换洗衣服；勤修剪指甲。

"两不"：即出门前不吃有异味的食品，不喝含酒精的饮料。

"四注意"：即注意眼、耳、鼻、口的卫生，养成出门前清洁眼部、耳朵、鼻子，以及饭后刷牙的好习惯。男士卫生形象，如图 2-7 所示。

图 2-7　男士卫生形象

女性日常化妆.mp4

四、女性日常化妆

化妆是利用工具与色彩描画面容、面貌，在外形上美化人物形象的一种手法。通过化妆可达到美化容颜、扬长避短、增强自信的效果。这里所讲的化妆，主要是针对日常活动需要，利用化妆品对面部轮廓、五官、皮肤进行"形"和"色"的修饰。

化妆的礼仪原则：美化容貌，弥补缺陷，尊重他人，增强自信。

日常化妆要点：干净整洁，清新亮丽。

(一)皮肤的分类

了解皮肤分类，对正确使用化妆品和正确运用皮肤保养方法十分重要，否则，乱用化妆品不仅不能达到保养皮肤的目的，还有可能伤害皮肤。

1. 干性皮肤

干性皮肤的特点：肤色较白皙细腻，毛孔细小而不明显，皮脂分泌量少而无光泽，皮肤比较干燥，容易生细小皱纹；毛细血管浅表，对外界刺激比较敏感。干性皮肤可分为缺水型和缺油型两种，前者多见于35岁以上及中老年人，后者多见于年轻人。

2. 油性皮肤

油性皮肤的特点：肤色较深暗，毛孔粗大，皮脂分泌量多，皮肤油腻光亮，不容易起皱纹，对外界刺激不敏感。由于皮脂分泌过多，油性皮肤容易生粉刺及暗疮，常见于青春发育期的年轻人。

3. 中性皮肤

中性皮肤的特点：中性皮肤是健康理想的皮肤，毛孔较小，皮肤红润细腻，富有弹性，对外界刺激不敏感。中性皮肤皮脂分泌量适中，皮肤既不干也不油，多见于青春发育期的少女。

4. 混合性皮肤

混合性皮肤的特点：混合性皮肤兼有油性皮肤与干性皮肤的特征，在面部T字区(前额、鼻、口周、下巴)呈油性状态，眼部及两颊呈干性或中性状态。此类皮肤多见于25~35岁的人。

(二)化妆前与化妆后的皮肤护理

众所周知，化妆前如不清洁皮肤，会严重影响化妆效果。化妆后，或多或少都会在皮肤上留下化妆品的残留物，如果不清洁干净，会影响皮肤的质量。

1. 化妆前的皮肤护理

第一步，使用适合自己皮肤的洁面产品清洁面部，去除粉尘、油脂或者皮肤代谢的废物，如图2-8所示。将皮肤清洁干净，才能让后续的护肤品被更好地吸收。

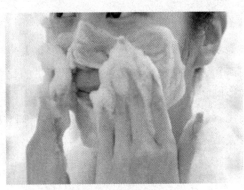

图2-8　面部清洁

第二步，使用化妆水平衡面部的酸碱度，补充皮肤水分和营养。
第三步，使用适合自己皮肤的润肤产品，使面部皮肤得到滋润。
第四步，涂抹妆前底乳或隔离乳/霜，对皮肤化妆起到保护作用。

2. 化妆后的皮肤护理

第一步，使用专门的眼部卸妆产品，对眼影、眼线、睫毛膏、眉毛等进行卸除。

第二步，使用卸妆油对全脸的妆容品进行卸除。

第三步，用深层洁面乳(或洁面膏)把脸上的残余化妆品彻底洗干净，达到全面深层清洁的目的。

第四步，使用化妆水，平衡皮肤，收缩毛孔，补充水分与营养。

第五步，使用眼霜、润肤品，使面部得到全面的滋润，保持皮肤健康。

(三)面部皮肤定期护理

面部皮肤长年累月暴露在外，直接受到紫外线照射和空气中尘埃、细菌、有害物质的刺激，加上自身分泌的油脂、汗液、死皮等，严重影响皮肤功能的正常发挥，甚至发生痤疮等皮肤病，使皮肤提前衰老。因此，一定要注意面部皮肤的定期护理。

第一，适时地去除角质死皮。用去角质产品对面部进行深层清洁，一般一个月进行一次。

第二，定期进行面部按摩。先将按摩膏均匀地涂于面部，然后进行按摩，以加快面部的血液循环，促进新陈代谢，每周一次。

第三，经常敷面膜(每周至少一次)。可以针对自己当前的皮肤状况选取面膜类型，达到明显改善因化妆引起的皮肤问题及补充水分、增加皮肤营养的目的，如图2-9所示。

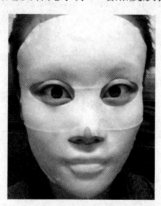

图2-9　敷面膜

(四)常用化妆工具

1. 脸部的化妆工具

湿粉扑：多为海绵块，蘸上粉底直接涂印于面部，使妆面均匀柔和，如图2-10所示。

干粉扑：丝绒或棉布材料，蘸上干粉可直接扑于面部，使肤质不油腻反光、妆面均匀柔和，如图2-11所示。

胭脂扫：有圆形或扁形扫头，刷毛长短适中，可以轻松地涂抹胭脂，如图2-12所示。

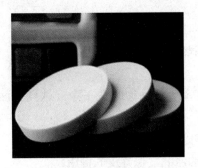

图 2-10　湿粉扑

图 2-11　干粉扑

图 2-12　胭脂扫

遮瑕扫：扫头细小，扁平且略硬，蘸少许遮瑕膏后涂盖面部的斑点、暗疮印等，如图 2-13 所示。

图 2-13　遮瑕扫

2. 眼部的化妆工具

常用的眼影刷有：晕染刷、斜头眼影刷、扁头眼影刷，如图 2-14 所示。晕染刷用于眼窝上色，眼尾加深，下眼睑过渡晕染；斜头眼影刷则用于眼部铺色打底，晕染鼻影；扁头眼影刷属点睛之笔，主要用于眼头、眼尾、卧蚕等细节。

眼线刷：刷头细长，毛质坚实，蘸适量的眼线膏、眼线粉涂抹眼睫毛根部，描画出满意的眼线，如图 2-15 所示。

(a) 晕染刷 　　　　　　(b) 斜头眼影刷 　　　　　　(c) 扁头眼影刷

图 2-14　眼影刷

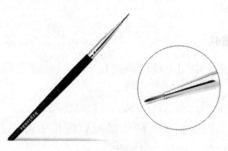

图 2-15　眼线扫

　　眉毛刷：刷分两头，一头刷毛硬而密，一头为单排梳，可梳理眉毛，也可梳理睫毛，使粘合的睫毛分开，如图 2-16 所示。

图 2-16　眉毛刷

　　眉扫：扫头呈斜角形状，毛质细，软硬适中，可蘸少许眉粉画于眉毛上，如图 2-17 所示。

　　睫毛刷：刷头呈螺旋状，用于蘸取睫毛膏涂于睫毛上，如图 2-18 所示。

图 2-17　眉扫　　　　　　　　图 2-18　睫毛刷

　　修眉剪：迷你型剪刀，剪刀头部尖端微微上翘，便于修剪多余的眉毛，如图 2-19 所示。

　　修眉刀：刀片为刀头，锋利，便于剃除多余的眉毛。要注意，刀片非常锋利，应小心使用，如图 2-20 所示。

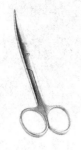

图2-19　修眉剪　　　　　　　　　　　　图2-20　修眉刀

睫毛夹：将睫毛置于夹子中间，逐渐向前压夹，可使睫毛弯曲上翘，如图2-21所示。

3. 唇部的化妆工具

唇扫：扫毛密实，扫头细小扁平，便于描画唇线和唇角，主要用来涂抹唇膏或唇彩，也可用于调试搭配唇膏的颜色，如图2-22所示。

图2-21　睫毛夹　　　　　　　　　　　　图2-22　唇扫

小贴士：最常用的化妆工具如图2-23所示。

图2-23　最常用的化妆工具

(五)化妆步骤与化妆技巧

1. 化妆步骤

第一步，清洁面部。

第二步,爽肤、护肤。

第三步,涂隔离霜。

第四步,施粉底。

第五步,轮廓修饰。

第六步,遮瑕。

第七步,定妆。

第八步,眼部(画眉—眼线—眼影—睫毛)。

第九步,鼻部。

第十步,涂胭脂。

第十一步,唇部。

第十二步,高光阴影。

第十三步,定妆。

2. 化妆技巧

1) 修眉

修眉要注意以下三点。

第一,修眉方法。先梳理眉毛,固定眉型后,用修眉刀刮去多余的眉毛,最后用修眉剪剪去生长过长的眉毛,形成理想的眉型。

第二,眉型与脸型协调。长脸型适合水平眉、一字眉、微弯的眉型。宽脸型、方脸型适合眉型上扬且微弯。圆脸型禁用弯眉,适合有眉峰上扬的眉型。

第三,确定眉头、眉峰、眉尾。眉头起于鼻翼与内眼角连线的延长线,眉峰在鼻翼与平视时的眼球外缘连线的延长线上,眉尾则在鼻翼与外眼角连线的延长线上,如图 2-24 所示。

2) 美目贴

现在化妆,很多人希望把眼睛画得大一点,喜欢使用美目贴。

美目贴的使用方法:打开专业化妆胶贴,用修眉剪剪出理想大小的形状,用镊子夹住胶贴的中间,贴在眼睛双眼皮叠线位置,从而加宽双眼皮,如图 2-25 所示。

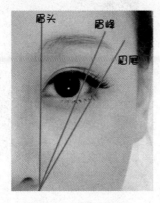
图 2-24 确定眉型

图 2-25 美目贴的使用

美目贴可在以下几种情况下使用。
- 眼睛大小不对称。
- 眼皮松弛下垂。
- 眼皮内双。
- 欲加宽双眼皮的效果。

3) 涂隔离霜

可用手指或粉扑将隔离霜通过轻拍的方式均匀地涂抹于面部作为化妆的基础保护。

4) 粉底

施粉底的方法：用湿粉扑蘸取适量的粉底薄薄地、均匀地涂抹于面部。施粉底时要注意涂抹易疏忽的下眼皮、鼻翼、唇角、脖子、耳朵附近等部位。

5) 遮瑕

遮瑕方法：以遮瑕笔在局部的斑点、暗疮印、胎记等位置点上遮瑕膏并晕开，遮瑕膏与粉底色相应，不可深也不可浅，颜色相互融合。

6) 定妆

定妆方法：以干粉扑蘸取适量的散粉均匀地轻扑或轻扫面部，使面部光感柔和，且能更有效地固定妆容，使妆面保持持久。

7) 画眉

画眉方法：在修好的眉毛上，用眉笔或眉粉填补眉毛的不足之处。描画眉尾应以自然真实为原则，不要太生硬或太黑。

日常妆对眉毛有讲究，眉型稍弯曲，可显得温柔、和蔼、亲切，如图 2-26 所示。

8) 画眼线

眼线的画法：从睫毛根部开始描画，粗细长短可根据需要而定，眼线要画得均匀。一般来说，眼睛大的眼线应画细一些；眼睛小的上眼线可画宽一些；眼睛圆的外眼角可画长一些，如图 2-27 所示。

图 2-26　眉毛画法

图 2-27　眼线画法

9) 眼影

画眼影的方法有几种，这里根据日妆需要分别介绍两种。

方法一：上浅下深水平晕染。即由睫毛根部开始涂眼影，由下向上水平涂抹，形成自下而上由深至浅的效果，如图 2-28 所示。

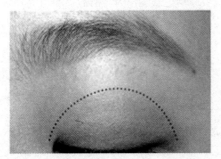
(a) 眼影在眼腹的画法

(b) 眼影在眼角的画法

图 2-28 眼影画法(一)

方法二：上深下浅水平晕染，以双眼皮叠线为界，上深下浅水平涂抹，如图 2-29 所示，这种方法适合看起来肿的那类眼睛。

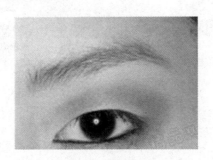

图 2-29 眼影画法(二)

画眼影的小技巧，介绍如下。

- 想要眼睛圆一点，眼影颜色可上下分晕；想要眼睛长一点，眼影颜色可左右分晕。
- 眼影一定要用眼影刷一点点地往上画，不宜用棉棒。
- 先画深色，如果脏了也可以用刷子迅速晕开，再上点儿浅色就可以修饰过来。
- 淡色一般用手指腹晕开，会更服帖均匀。

10) 涂睫毛油

涂睫毛油的方法：先用眉毛刷的单排梳或睫毛刷理顺睫毛，再用睫毛夹从睫毛根部由内向外来回几次夹翘，然后涂上睫毛保护底液打底，再用睫毛油从睫毛根部由内向外 z 形来回涂抹，最后一根一根地把睫毛拉长梳齐，并加重眼尾睫毛，使睫毛达到浓密纤长的效果，如图 2-30 所示。

11) 鼻部

提高鼻梁的方法：鼻两侧用浅咖啡色(或浅褐色)淡抹，过渡自然，不要过深。鼻梁竖直用高光，显得轮廓清晰，用于修饰较低的鼻梁。

图 2-30　睫毛油的涂法

12) 腮红

腮红的画法有很多种，但常用的手法有以下两种。

方法一：微笑时，腮红涂在颧骨上方即两颊凸起的笑肌位置，如图 2-31 所示，此方法适合长脸型、鹅蛋型脸型的人。

方法二：由颧骨向斜外上方扫，不要低于鼻子，也不要宽过眼角，如图 2-32 所示，此方法适合圆脸型、方脸型、宽脸型的人。

图 2-31　腮红画法一

图 2-32　腮红画法二

提示：粉红系列的腮红显得娇俏透亮，橙红系列的腮红显得活泼有朝气。

13) 唇部

嘴唇的画法：先用唇线笔描画出理想的唇形，并涂抹润唇膏作保护基底，再用唇扫取适量口红均匀地涂在唇上，最后涂上唇彩，使唇部饱满有光泽，如图 2-33 所示。

图 2-33　唇部化妆

> 提示：比较滋润的唇部用品因为反光度较好，会使嘴唇变得饱满，所以丰厚的嘴唇慎用反光效果好的唇部用品。

14) 高光、阴影

高光、阴影是用于修正面部不足的化妆品，各人可根据自己面部的实际情况选择使用。高光多用于额头中部、眉骨、鼻梁、下巴等位置，以增加凸起感；阴影多用于眼窝、鼻翼、两颊上，以增加凹陷感。用好高光和阴影可以加强面部的立体感。

15) 定妆

定妆方法：用蜜粉扫或干粉扑蘸少许蜜粉均匀地涂于面部，固定已完成的妆容，以使妆面保留时间长久。

五、女士化妆礼仪

(一)化妆要做到应时应景

日常以淡妆为宜，略施粉黛，清新自然；参加晚间的社交活动，例如晚宴、晚会，可以搭配礼服化晚妆；正式场合，应适当化淡妆。

(二)不要当众化妆或补妆

需要化妆或补妆时，可到卫生间或者其他私人空间，不要当众整理妆容。

(三)不要借用他人化妆品

借用他人化妆品是不礼貌的行为，会使别人进退两难。有些人不乐意把化妆品借给他人的，但是有人开口借，不借又觉得情面上过不去，很为难，这是一方面；另一方面，借用他人化妆品有可能相互间传染皮肤病。

(四)不以残妆示人

残妆示人是不礼貌的，因此，要注意适时补妆。

第二节　男士正装礼仪

着装能体现一个人的基本素质和审美观。着正装既是工作需要，也是社交需要。如今就业面试、考研面试都需要穿着正装。所谓正装，是指适用于严肃场合穿着的正式服装。在我国，男士正装包括男士西装和中山装。

一、男士西装礼仪

西装以其挺括、庄重、美观的外形被世界大多数国家的人作为正装穿着。

(一)男士西装分类

男士西装有两大类。

一是圆角、后摆单开的单排扣西装。穿着单排扣西装使人显得精神、干练。年轻人,只要不是特别高瘦,都可以选择单排扣西装,如图2-34(a)所示。

二是方角、下摆双开的双排扣西装。穿着双排扣西装使人显得老成、稳重。双排扣西装适合身材较瘦的人穿着,如图2-34(b)所示。

其中,单排两粒扣西装较为正式。

(a) 单排　　　　　　　　(b) 双排

图 2-34　男士两粒扣西装

(二)西装礼仪原则

衣裤合身,整洁熨帖;无破损、无补丁、无污渍、无掉扣;衬衫扣好,打上领带;袜净鞋亮。

(三)西装穿着注意事项

(1) 上衣。上衣盖过臀部 4/5,衣领熨帖,门襟熨帖,衣袖长度盖过手腕,如图 2-35 所示。

左图为西服衣领合适,中图、右图为西装衣领不合适

图 2-35　西服的衣领与袖口

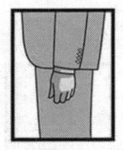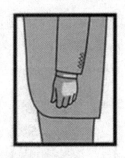

左图为西服合适，中图、右图为西装袖长不合适

图 2-35　西服的衣领与袖口(续)

(2) 衬衫。选择纯棉、纯毛或以棉、毛为主要成分的混纺衬衫；单一色彩，白色最好；大小合身，衣领和胸围松紧适度；领型选择应兼顾本人的脸型、脖子长短以及领带结的大小；衬衫袖子略长出西服袖子 1~2 厘米，如图 2-36 所示；下摆均匀地掖到裤腰里。

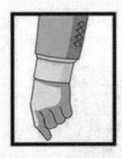

图 2-36　左图为衬衫袖子合适，中图、右图为衬衫袖子不合适

(3) 领带。领带打好之后，其长度刚好与皮带扣下缘平齐，如图 2-37 所示。

图 2-37　领带打好之后的长度

(4) 腰带。腰带颜色与鞋的颜色应保持一致，真皮品质，黑色，宽度以 2.5 厘米为宜，带扣要简单，腰带系好后，以剩下 12 厘米左右的皮带头为宜。

(5) 西裤。大小合适，长度以盖过脚面 1/3 为宜，如图 2-38 所示。

(6) 西服纽扣。单排 2 粒扣：扣子不扣显得潇洒，扣上面一粒显得郑重，最好不扣。

单排 3 粒扣：扣子不扣显得潇洒，扣中间一粒显得正式，扣上面 2 粒显得郑重，不能全扣。双排扣：可以全部扣，也可以只扣上面一粒，但是不可以不扣。

图 2-38　左图为西裤合适，中图、右图为西裤裤长不合适

(7) 衣袋。除了手绢，不装东西，只有左胸口袋可配手绢花，如图 2-39 所示。

(8) 袜子。应穿深色、纯棉袜子，以单黑色或单深色为宜，无图案最好。

(9) 鞋。黑色、系带的制式皮鞋，如图 2-40 所示。皮鞋干净光亮。不宜穿休闲皮鞋、软底皮鞋等。

图 2-39　胸前手绢花　　　　图 2-40　制式皮鞋

(10) 配饰。除手表外，男性一般不戴配饰。若要戴，仅限于佩戴指环宽度不超过 3 毫米的金、银质或钻石细戒一枚。手表则以设计简单为宜，一般选金色、银色的金属表带或黑色、棕色、棕褐色、灰色的皮质表带，宽度不得超过 2 厘米，不宜佩戴其他类型的时装表及系挂怀表。

除了以上这些外，在西装穿着中还要注意"三个三"。

第一，"三点一线"。衬衫纽扣、皮带扣以及裤子前开门外侧在一条直线上。

第二，"三一定律"。皮带、皮鞋和手包应该是同一种颜色。

第三，"三色原则"。全身不超过三种颜色。

(四)男士西服的八个禁忌

一忌西裤短。

二忌衬衫放在西裤外。

三忌衬衫领子大，领脖间存在空隙。

四忌领带颜色刺眼。

五忌不扣衬衫领扣就佩戴领带。

六忌西服的上衣、裤子袋内鼓囊囊。

七忌西服配运动鞋。

八忌公众场合松开领带。

二、男士中山装礼仪

中山装是除西装之外的男士正装。在我国，凡重大节庆、重要活动，党和国家领导人都会着中山装。

与西装相比，中山装的好处就是修饰配件相对较少，不需要领结/领带、胸袋中的丝手绢之类的配件，只要专注服装本身就好，如图2-41所示。

图 2-41 中山装穿着

(一)中山装礼仪原则

衣裤合身，整洁熨帖，扣好纽扣；无破损、无补丁、无毛边、无掉扣；袜净鞋亮。

(二)穿着中山装注意事项

(1) 衬衫。应是纯棉、纯毛或以棉、毛为主要成分的混纺衬衫，单一色彩，白色最好；大小合身，衣领和胸围松紧适度，下摆均匀地掖到裤腰里。

(2) 裤子。大小合适，长度以盖过脚面1/3为宜。

(3) 纽扣。全部扣上。

(4) 口袋。尽量少装东西。

(5) 袜子。应穿深色、纯棉袜子，以单黑色或单深色为宜，无图案最好。

(6) 鞋。黑色皮鞋或与服装相适应的皮鞋并保持干净。不宜穿休闲皮鞋、软底皮鞋等。

(7) 配饰。除手表外，男性一般不戴配饰。若要戴，仅限于佩戴指环宽度不超过3毫米的金、银质或钻石细戒一枚。手表则以设计简单为宜，银色、金色的金属表带或黑色、棕色、棕褐色、灰色的皮质表带，宽度不得超过 2 厘米，不宜佩戴其他类型的时装表及系挂怀表。

除了以上这些，在中山装穿着中还要注意三一定律，即皮带、皮鞋和手包应该是同一种颜色。

(三)中山装穿着禁忌

一忌裤子短。

二忌衬衫领子太大，使上衣领子扣不上。

三忌解开任何部位的纽扣。

四忌衣服袖子过长。

五忌中山装上衣、裤子袋内鼓鼓囊囊。

六忌中山装配运动鞋。

知识拓展

中山装，因孙中山提倡而得名。中山装是在广泛吸收欧美服饰优点的基础上结合中华民族的服装元素形成的一种立翻领、对襟、前襟五粒扣、四个贴袋、袖口三粒扣、后片不破缝的上衣与西服裤装搭配的套装。

中山装以其简便、实用的优势，自辛亥革命起便和西服一起开始流行，曾成为中国男子喜欢的标准服装。

1912 年民国政府通令将中山装定为礼服，此举无疑赋予了中山装新的文化内涵。

前身四个口袋表示国之四维(礼、义、廉、耻)。

袋盖为倒笔架，寓意为以文治国。

门襟五粒纽扣区别于西方的三权分立，寓意五权分立(行政、立法、司法、考试、监察)。

左右袖口的三粒纽扣则分别表示三民主义(民族、民权、民生)与共和的理念(平等、自由、博爱)。

后背不破缝，表示国家和平统一之大义。

衣领为立领封闭式，表示严谨治国的理念。

在 1929 年制定宪法时，曾规定一定等级的文官宣誓就职时一律穿中山装，以表示遵奉孙中山先生之法。

——摘自搜狐文化《"中山装"的历史与细节》

第三节　女士正装礼仪

在我国，女性正装一般包括女式西装和中国女性的民族服装——旗袍。

第二章 仪容仪表语言礼仪

一、女士西装礼仪

女性西装又分裙装和裤装,以裙装较为正式,如图 2-42 所示。

图 2-42 女式西服套装(裙装、裤装)

(一)女士西装礼仪原则

衣裤(裙)合身,整洁熨帖;无破损、无补丁、无毛边、无掉扣;扣好衬衫,袜净鞋亮;妆容得体,举止端庄。

(二)女士西装穿着注意事项

(1) 西服套装或套裙合身。衣领熨帖,袖长盖过手腕。

(2) 衬衫。衬衫应为纯棉、纯毛或以棉、毛为主要成分的混纺衬衫;色彩不要过于复杂;衣领和胸围松紧适度,领口不宜过低;领型选择要兼顾本人的脸型、脖子长度;衬衫袖子以露出西服袖子 2 厘米内为宜;下摆均匀地掖到裤腰里面。

(3) 腰带。真皮品质,黑色,带扣简单。

(4) 西裤。大小合适,长度以盖过脚面 2/3 为宜。

(5) 西服裙。大小合适,长度在膝盖上一寸以内。

(6) 西服纽扣。应全部扣上。

(7) 口袋。不装东西。

(8) 袜子。肉色丝袜。

(9) 鞋。黑色方口高跟皮鞋(或到脚踝处的冬皮鞋)。皮鞋干净光亮。不宜穿休闲皮鞋、靴子等。

(10) 配饰。女性可适当地佩戴首饰。佩戴指环宽度不超过 2 毫米的金、银质或钻石细戒一枚。手表则以设计简单为宜,银色、金色的金属表带或黑、棕、棕褐、灰色的皮质皮带,宽度不得超过 2 厘米,不宜佩戴其他各种类型的时装表。只可戴耳钉,不宜戴耳环或耳坠。项链宽度不超过 2 毫米,长度在颈部附近。

除了以上这些，在女士西装穿着中还要注意"两个三"。

第一，三点一线。衬衫纽扣与皮带扣以及裤子前缝线在一条直线上。

第二，三色原则。全身颜色不超过三种。

(三)女士西服穿着禁忌

一忌裤(裙)短。

二忌真丝或蕾丝花边的衬衫。

三忌衬衫放在西裤外。

四忌裙子、裤子拉链没拉上。

五忌光腿、光脚穿西装；丝袜破损或抽丝。

六忌服装有污垢、掉纽扣、褶皱、撕破、织补或毛边等现象。

七忌过紧、过露。

八忌双手插在裤袋里。

二、女士旗袍礼仪

旗袍是我国女性的民族服装，也是最能充分展示中国女性魅力的正装，凡重大场合、涉外场合都可见旗袍的风采。如今，旗袍以其能充分展现女性的柔美线条和独特的裁剪，备受各国女性青睐，如图2-43所示。

图2-43　旗袍

(一)旗袍礼仪原则

旗袍合身，整洁熨帖；旗袍无污渍、无毛边、无掉扣、无补丁；扣齐纽扣，袜净鞋亮；妆容得体，举止优雅端庄。

(二)穿着旗袍注意事项

(1) 内衣。应选择纯棉贴身无痕迹内衣。

(2) 纽扣。必须全部扣好。

(3) 袜子。肉色连裤袜。

(4) 鞋。与旗袍色彩相配的方口高跟皮鞋，皮鞋干净光亮，如图2-44所示。

图2-44　旗袍穿着

(5) 配饰。女性可适当地佩戴首饰，可戴耳钉、耳环或耳坠；可戴各种项链，各式戒指；手表则以设计精巧的款式为宜，银色、金色金属或皮质表带，也可佩戴材质适合的手镯。

(三)穿着旗袍的禁忌

一忌旗袍领扣不扣。
二忌过分暴露(胸部、肩部)、过分透视、过分短小、过分紧身。
三忌光腿穿旗袍。
四忌丝袜破损或抽丝。
五忌旗袍上有污垢、掉纽扣、褶皱或毛边等现象。
六忌举止不够端庄。

第四节　制服礼仪

制服是单位团体的标志，着装受到单位的约束，要求必须在规定的时间、空间穿着，并佩戴统一的配饰(如领带、丝巾、胸牌等)，以达到统一化、标准化的目的。

一、制服礼仪原则

干净整洁、熨烫平整；无破损、无脱线、无补丁、纽扣齐全；穿着整齐，符合规定，如图 2-45 所示。

图 2-45　人民警察制服

二、穿着制服的注意事项

(1) 标志牌佩戴在左胸前指定位置，与衬衫第二颗纽扣平齐，不得歪斜。
(2) 配饰(如领带、丝巾)熨帖、洁净无污渍，并按规定佩戴，如图 2-46 所示。
(3) 衣袋里不可装太多东西。

图 2-46　南方航空公司空姐按规定佩戴丝巾

(4) 不将衣袖、裤子卷起。
(5) 保持制服领子、袖口洁净。
(6) 穿着制服皮鞋，鞋面干净光亮，无破损。
(7) 男士穿深色袜子；女士穿肉色丝袜，无破损、无抽丝。

三、穿着制服的禁忌

一忌制服上有污垢、掉纽扣、褶皱、撕破、织补或毛边等现象。
二忌不按规定佩戴标志性配饰。

三忌勾肩搭背，大声喧哗、嬉笑或吵闹。

四忌边走边吸烟、嚼口香糖等。

五忌双手插在裤袋里。

第五节　不同场合着装礼仪

在日常生活中，我们除了正式场合、重大场合应该着正装外，其他场合应该如何着装才更加得体呢？

一、舞会、晚会、宴会、联欢会着装礼仪

舞会、晚会、宴会、联欢会都是轻松欢愉的交际场所，在这些场所中，应该充分展示自己的个人魅力，尤其是审美取向和社交能力，着装应突出一个"美"字。男士着西服，颜色不限。女士则以晚装、旗袍为好，样式不限，色彩不限，如图2-47所示。

图2-47　晚宴(晚会)装

(一)男士晚会着装礼仪

1. 男士晚会着装礼仪原则

西装：领带或领结洁净熨帖；衬衫领口、袖口无污渍；服装穿戴整齐、规范；领带、领结位置合适；西服上衣胸前口袋配有手绢花；鞋袜与服装色彩对应，鞋面光亮；法式衬衫应配有袖扣。

2. 男士晚会着装"三忌""三不露""两不准"

"三忌"：忌杂乱无章；忌过分鲜艳；忌服装明显不合身。

"三不露"：鼻毛不外露；腋毛不外露；腿毛不外露。

"两不准"：不准不穿袜子；不准穿凉鞋。

(二)女士晚会着装礼仪

1. 女士晚会着装礼仪原则

合身，干净、整洁、熨帖，服装色彩应与活动主题相呼应，并符合三色原则。配饰可略显夸张，以在灯光下明亮闪烁为好。穿高跟鞋。

2. 女士晚装注意事项

(1) 要配合服装化晚妆，梳晚妆发型。

(2) 装扮要有亮点。亮点可以是饰品，也可以是服装色彩呈现。亮点部位越靠近面部越好。

(3) 不能光腿穿裙子或穿旗袍。

(4) 不能穿抽丝的丝袜，所以，参加晚会要带备份丝袜。

(5) 手包应与服装搭配协调，不能使用双肩包或挎包。

(6) 再高级的套装也不能作晚装。

3. 女士晚装"六忌""三不露""两不准"

"六忌"：忌杂乱无章；忌过分鲜艳；忌过分暴露(胸部、肩部)；忌过分透视；忌过分短小；忌过分紧身。

"三不露"：胸线不外露；腋毛不外露；腿毛不外露。

"两不准"：不准穿露出脚趾和脚跟的鞋；不准穿皮裙。

二、休闲场合着装礼仪

(一)旅游、运动、运动会着装礼仪

旅游、运动、运动会是突出"动"字的社交平台，着装要与之相适应，以轻松、休闲、方便运动为首选，可选择运动衫、休闲服、户外运动装等，色彩不限。此类场合一般不穿正装皮鞋，而应穿休闲鞋、运动鞋、防滑鞋等，以保证安全。

1. 着装礼仪

服装干净整洁，略微宽松。帽子端正，色彩与服装协调。鞋袜洁净，鞋带系紧。

2. 旅游、运动、运动会着装六忌

六忌：忌杂乱无章；忌过分透视；忌过分短小；忌过分紧身；忌不穿袜子；忌穿拖鞋。

(二)观看电影、演出着装礼仪

观看电影和各类演出，是在特定的社交场所活动，这里所突出的是"文化"与"休闲"，因此，衣着也必须应时应景，以端庄、高雅为前提，可选择休闲服、裙装、旗袍、

西装等，色彩与场合协调。此类场合可根据服装搭配鞋子，如休闲装搭配休闲鞋、女士平跟鞋等，以保证安全、保持安静为原则。

1. 观看电影、演出着装礼仪原则

服装合身，干净整洁，色彩搭配合理；鞋袜洁净。

2. 着装注意事项

观看电影和文体节目时，不宜穿圆领T恤。

3. 观看电影、演出着装"五忌""三不露""三不宜"

"五忌"：忌杂乱无章；忌领口过低；忌过分透视；忌过分短小；忌过分紧身。
"三不露"：鼻毛不外露；腋毛不外露；腿毛不外露。
"三不宜"：不宜不穿袜子；不宜穿拖鞋；不宜穿皮裙。

(三)悲伤场合着装礼仪

这是令人心碎的场合，因此，衣着也必须与现场氛围相适应，应表现出低沉、悼念和悲伤。此类场合一般穿西服套装最妥当，色彩为黑色或单一深色调。穿正装皮鞋，女士也可穿黑色平跟鞋等，以保持肃静。

1. 悲伤场合着装礼仪原则

单一深色西服或其他服装(黑色首选)；干净整洁合身；领带、领结、丝巾以单一深色为宜；深色袜子，黑色皮鞋。

2. 悲伤场合着装注意事项

(1) 避免红色或其他亮丽色彩。
(2) 可佩戴墨镜。
(3) 女性勿佩戴过多首饰。
(4) 勿穿响底鞋。
(5) 女性以裤装为宜。

3. 悲伤场合着装禁忌

一忌女性浓妆艳抹。
二忌浓烈的香水味。
三忌大声喧哗、嬉笑或吵闹。
四忌边参加悼念仪式边吸烟、嚼口香糖等。

第六节　首饰佩戴礼仪

佩戴首饰主要是通过首饰与妆面和服装配合，起到画龙点睛的作用，彰显华贵、美丽，达到让人眼前一亮的效果。首饰佩戴最能体现个人的素养和品位。

如今，随着人民生活水平的不断提高，佩戴首饰已成为普遍现象。但是笔者遗憾地发现，有部分人首饰佩戴是不合礼仪标准的。到底该如何佩戴首饰才能显得高贵得体呢？

一、女性首饰礼仪

(一)首饰分类

女性首饰基本上可以分为以下七类。

(1) 颈饰。项链、颈链、毛衣链、项圈等。

(2) 臂饰。膀圈(又称臂环)(见图2-48)、臂钏(把几个臂环合并在一起，就叫臂钏)。

图2-48　膀圈

(3) 腕饰。手链、手镯、手表、手钏(把几个手镯合并在一起，就叫手钏)。

(4) 手饰。戒指、指环。

(5) 耳饰。耳环、耳钉、耳坠。

(6) 胸饰。胸针、胸花。

(7) 头饰。发簪、发夹。

(二)女性首饰佩戴礼仪

(1) 项链、颈链、毛衣链、项圈。正式场合所配颈饰均应粗细适中，不宜过宽、过粗或过长，也不宜佩戴夸张的吊坠；休闲场合或社交场合则可根据活动内容与礼服来选搭合适的颈饰，以达到光彩照人的目的。图2-49所示为项链。

(2) 臂环(膀圈)。臂环作为手臂的装饰物，一般佩戴在右大臂上，与左手腕部的饰品相呼应。臂环选材可以是金、银、玉石，也可以是其他材质。臂环纹饰要庄重典雅、富有美感，并与服饰和左手腕配饰搭配协调，如图2-50所示。

图 2-49　项链

图 2-50　臂环佩戴

（3）手表、手链、手镯、手钏。手表、手链、手镯、手钏均应佩戴于左手腕部。正式场合，一般不戴手钏，可戴手链、手镯、手表中的任意一件，手表配金属或深色皮表带，宽度不超过2厘米，不配戴形状或色彩奇异的时装表。

休闲场合或社交场合可根据活动内容与礼服来选搭合适的腕饰，以达到充分彰显女性魅力的目的。

（4）戒指、指环。戒指、指环均应佩戴于左手相应手指上。已婚女性佩戴在无名指上；未婚女性佩戴在中指上。正式场合女性宜戴指环或指环宽度不超过2毫米的钻戒。其他社交场合可戴各色宝石镶嵌戒指，但是应与服装搭配协调，总之不宜过大、过宽或过于复杂；指环最好不超过3毫米。

（5）耳环、耳钉、耳坠。正式场合或着正装时可以在耳垂部位戴一枚直径不超过6毫米的耳钉，不能戴耳环或耳坠。着晚礼服或旗袍时，耳环、耳钉或耳坠均可戴，但要与服装协调。如图2-51所示为珍珠耳钉。

图 2-51　珍珠耳钉

（6）胸针、胸花。胸针、胸花应别于左胸胸线上方。正式场合胸针、胸花以简单为宜，且大小合适；其他社交场合可有各色宝石镶嵌，但要与服装样式、面料搭配协调，过大、过重或过于复杂的都不宜。

（7）发簪、发夹。发簪、发夹应别于头上。正式场合不宜戴发簪。发夹的功能是固定头发，所以，以黑色、简单为宜。其他社交场合发簪、发夹均可使用，以美化发型为主，但要配合服装和发型，过大、过重或过于复杂的都不宜。

(三) 女性首饰佩戴注意事项

(1) 佩戴戒指。戒指一般只戴在左手上，而且最好只戴一枚，不宜多枚同时佩戴。

(2) 佩戴耳饰。不宜在一只耳朵上同时戴多只耳饰。选择耳饰时应利用人的视觉原理，根据个人脸型特点来选择。

(3) 正规场合首饰佩戴以同色系为宜，即耳环、项链、戒指应是同一系列，并以不妨碍工作为原则。所戴的饰品应避免过于华贵、过多或有过长的链子、坠子。

(4) 一般场合，佩戴首饰不宜超过三件，即耳环、项链、戒指。

(5) 任何场合，都不要在首饰佩戴上标新立异。

(四) 女性首饰佩戴禁忌

一忌将戒指或指环戴在除中指和无名指之外的手指上。因为戒指戴在食指上表示求婚；戒指戴在小指上表示独身主义。

二忌将许多首饰或不同颜色的首饰佩戴于一身，那样越发显得庸俗。

二、男性首饰礼仪

(一) 男性首饰分类

男性首饰基本上可以分为以下四类。

(1) 颈饰：项链、颈链。

(2) 腕饰：手表。

(3) 手饰：戒指、指环。

(4) 袖扣。男士专属珠宝。

(二) 男性首饰礼仪

(1) 项链、颈链。无论任何场所，均应藏在衣服里，以别让人看见为妥。

(2) 手表。手表应佩戴于左手腕部。正式场合，手表配金属或深色皮表带，宽度不超过 2 厘米，不宜佩戴形状或色彩奇异的时装表。

(3) 戒指、指环。戒指、指环均应佩戴于左手相应的手指上。已婚男性佩戴在无名指上；未婚男性佩戴在中指上；男性戴指环宽度不宜超过 3 毫米，如图 2-52 所示。

(a) 男士合适的指环　　　　　　　　(b) 男士不合适的戒指

图 2-52　戒指、指环

(4) 袖扣。袖扣使用在法式衬衫的袖口上,应与西服和所佩戴的其他首饰的色彩搭配协调。

(三)男性首饰佩戴注意事项

(1) 佩戴戒指。戒指一般只戴在左手上,而且最好只戴一枚,不宜多枚同时佩戴,也不宜戴过大或过于华贵的戒指。

(2) 任何场合,不要在首饰佩戴上标新立异。

(四)男性首饰佩戴禁忌

一忌将戒指或指环戴在除中指和无名指之外的手指上。戒指戴在食指上表示求婚;戴在小指表示独身主义;戴在大拇指上的是扳指,那是权力地位的象征。

二忌将项链(或手链)露出衣服外,这样会让人觉得俗气。

三忌正式场合戴耳环。

第七节 语 言 礼 仪

中国素有礼仪之邦的美誉,5000年文明铸造了中国人含意丰富、表达完美的语言文字。

中国人的语言中蕴含了丰富的礼仪元素,在与人交流过程中运用语言表达尊重早已为大家所熟悉。

俗话说:"言为心声""字如其人"。语言礼仪主要表现在两个方面:一方面,"说什么""写什么",即所谓内容美;另一方面,"怎样说""怎样写",即所谓"形式美"。

语言礼仪原则,就是在运用语言文字与人交往时既要保证"内容美",同时也要达到"形式美",即语言、文字都必须文明、礼貌、适度。

一、谈话讲究语音、语调、语速

语音在语言礼仪中占有极其重要的地位。要让对方能够听清、听懂说什么,说话时字词的发音就必须正确。

语调是表达情绪、传递思想的重要手段,是对谈话对象特定的说话语气和声调,包括语音的高低、强弱、长短、轻重等因素。

语速是说话时速度的变化,对思想情感的表达也起着重要作用。

因此,不妨这样定位:语音、语调、语速是语言礼仪的载体。

适中的音量和语速、亲切的语调,无异于阳光照进对方的心里,十分温暖,对方的被尊重感就会油然而生。而低沉的音量、平淡的语调,则让人感到冷漠,使人产生拒人千里之外的感觉。过高的音量、过快的语速,则让人感到对方强势。

二、礼貌用语

礼貌用语是尊重他人的具体表现，是建立友好关系的桥梁。在日常生活中，尤其是在社交场合中，无论是谈话还是文字，使用礼貌用语，不仅可以表示对别人的尊重，而且可以表明自己的修养。

常见的礼貌用语有"你好""谢谢""对不起"和"请"等。

礼貌用语使用恰当，对融洽人际关系会起到意想不到的效果。例如，别人给予帮助，应该诚恳地说声"谢谢"。若对方对感谢感到茫然时，要用简洁的语言文字向他说明致谢的原因。对他人的道谢也要答谢，答谢可以用"没什么，别客气""我很乐意帮忙""应该的"来回答。"谢谢"一词，可使语言文字充满魅力，使对方备感温暖。

社交场合还必须学会向人道歉。道歉是缓和双方紧张关系的一帖灵药。例如，在公交车上踩了别人的脚，一声"对不起"即可化解对方的不快。道歉最重要的是有诚意，切忌道歉时先辩解，好似推脱责任；同时注意要及时道歉，犹豫不决会失去道歉的良机。

几乎在任何需要麻烦他人的时候，"请"都是必需的礼貌语。如"请问""请原谅""请留步""请用餐""请指教""请稍候""请关照"等。频繁地使用"请"字，会使语言文字变得委婉而礼貌，是比较自然地把自己的位序降低、将对方的位序抬高的最好的办法。

除了日常使用最广的基本礼貌用语"您好""请""对不起""谢谢""再见"之外，还有以下各种场景使用的礼貌用语。

见面时的礼貌用语："早上好""下午好""晚上好""您好""很高兴认识您""请多指教""请多关照"等。

感谢时的礼貌用语："谢谢""劳驾了""让您费心了""实在过意不去""拜托了""麻烦您""感谢您的帮助"等。

打扰对方或向对方致歉时的礼貌用语："对不起""请原谅""很抱歉""请稍等""麻烦""请多包涵"等。

接受对方致谢致歉时的礼貌用语："别客气""不客气""不用谢""没关系""请不要放在心上"等。

告别时的礼貌用语："再见""欢迎下次再来""慢走""祝您一路顺风""请再来"等。

礼貌用语要根据现场的具体情况选择使用。

三、语言礼仪运用技巧

前面我们虽然学习了语言礼仪原则，但要真正做到让语言礼仪在日常交往中运用自如，还需要进一步掌握有关语言礼仪的运用技巧。

(一)说话要亲切和蔼

亲切和蔼的声音、合适的语调，再搭配礼貌得体的语言，比如"您好，欢迎您的到来""您请用茶""非常感谢您的帮助",短短几句话,便能让对方获得浓浓的被尊重感,沟通可以顺利进行,双方友谊的小船也由此启航。

(二)谢绝要委婉

经验告诉我们,使用委婉的语言文字表达某种意图,要比直率地表达效果更好。所谓委婉是指以下几方面。

(1) 用商量的口气。比如不希望与对方合作,不直接说不合作,而是委婉地说:"我认为此事我们之间还需要再慎重地考虑一下。"

(2) 语气要自谦。比如谢绝一个课题邀请,说:"我的经验不足,做这个课题恐怕能力不够。"

(3) 称赞对方。比如说:"您理论功底深厚,经验丰富,这个工作是难不倒您的。"

(三)争辩有节制

俗话说,舌头和牙齿再好也会打架。日常交往中大家也许都有过与人争执的经历,有的人争执过后依然是好朋友;有的人争执过后就会形同路人,这就是争辩没有节制的后果,这样不仅伤害了自己,也伤害了对方。因此,说话要看火候,要有分寸。这"火候、分寸"就是节制有度。

社交之中难免有争辩。如果是原则问题,当然要针锋相对、寸土必争,但在具体方式上则要注意策略:一是语言文字不要过于犀利,声音不要过高,更不要随便说伤害他人的话;二是问题点到为止,避免冲突,更要避免激烈冲突。

(四)谦虚要适当

谦虚是一个人有礼貌的外在表现。可是,过于谦虚就会变得虚伪和油滑,让人不愿再交往下去。

语言文字酸溜溜的,是自作聪明和没有礼仪修养的表现。有一位学生曾告诉笔者,前段时间他在单位被提升为部门领导,他同学知道后,不但没有激起其上进心,反而对他讲了一段表面看似谦虚,实质却是嫉妒至极的酸话:"看你多能干,才几年就提到了部门领导的位子上,可见你很会与领导搞关系,门路多,神通广。现在,越是能搞歪门邪道的人提拔得越快,苦了我们这些本分人。我可不会巴结领导,投机取巧……"这段话无论哪个心态正常的人听了都会不高兴的。因为这话已经越过了谦虚的界线,扯下了礼仪面纱,通过语言,让人看到了对方那两只嫉恨的红眼。

(五)社交场合使用雅语

雅语,是同俗语相对应的一种比较文雅的语言文字。在正规的社交场合,无论语言还是文字都必须使用雅语才不失风度。比如,在社交场所,要上卫生间不能说"我要上厕所",而应说"上卫生间"或"上洗手间"。

有的人虽然事业有成,可为什么一同别人打交道就被视为"没素质"呢?其重要原因就在于满口俗语。满口俗语往往是缺乏文化素养和个人阅历浅薄的标志之一。

(六)请答要恭敬

由于生活、工作的需要,我们经常有问题需要向他人请教或回答他人提出的问题。问答之间也应讲究礼仪。

如何既提出自己的请求又不失体面呢?关键是要诚实地、坦率地向对方提出自己的问题,千万不要绕来绕去、油嘴滑舌。生活中有些人自以为聪明,绕来绕去说半天,也不明确地提出正题,这容易引起对方的讨厌和戒备,待提出正题时,对方已经厌烦,他的请求也就很难被允许。

回答别人的问题也是一样,一定要如实回答。

(七)语言含义要清晰准确

在日常交往中,社交双方每一句话、每一个字都要字斟句酌。

特别是涉及一些重要的事件和问题,语言表达更要清晰明确,否则就有可能出现重大失误。比如,有一位企业总经理告诉笔者,他公司订了一批制服,在质量上他曾向对方表示"差不多就行",可谁知对方竟然给他们发来一批化纤服装。我听后问道:"你说差不多,标准是什么呢?"是啊,究竟差多少是差不多,界线并不明确。

语言文字是人与人沟通最重要的手段,语言礼仪是沟通成功与否的关键,所以,应当注重语言礼仪的学习和运用,并不断总结,才能取得长足进步。

思考与练习

1. 仪容仪表礼仪中为什么要强调个人卫生?
2. 男士需要讲究妆容礼仪吗?
3. 着正装应该注意哪些细节?
4. 着晚装要注意哪些礼仪?
5. 女生进行日常淡妆练习,坚持一个月。
6. 男生进行打领带练习,直至熟练完成两种以上打法。
7. 加强日常语言礼仪练习,时时、事事、处处注意礼貌用语。

第三章 仪态礼仪

学习目标

掌握标准的仪态礼仪操作规范。

学习任务

掌握目光礼仪、微笑礼仪以及站、行、坐、蹲礼仪操作规范,学会标准微笑以及标准的立、行、坐、蹲姿的实际操作。

仪态最能展现一个人的性格特点、亲和力以及受教育程度等。仪态礼仪是个人最基本的礼仪,不仅能影响个人日常社交,也能影响各种面试或者重大场合个人素质评价。仪态礼仪不仅要动作标准,还要求动作高雅、美观大方。

本章将对仪态礼仪的标准实操动作逐一进行讲解,以利于读者学习和应用。

第一节 目光礼仪

目光也就是人们常说的眼神。目光交流在人际交往中至关重要。人际交往过程中目光交流总在语言之前,因此,目光要尽量让别人看起来柔和、友好。

目光受情感制约,只有把握好自己的内心情感,目光才能充分发挥作用,因为人的眼睛表现力极为丰富和微妙。

我们都有这样的体会,但凡与人交谈,最忌讳目光躲闪、斜视、瞟视,这类眼神容易使人产生不信任感。若能够与对方保持相应的目光接触,则可以让对方感受到被尊敬和对话题感兴趣,从而可以进一步交流。而目光左顾右盼,会让对方感到不受尊敬或对话题不感兴趣,交流当然也就没有必要进行下去。不看着对方说话表示藐视,

目光礼仪.mp4

或者心不在焉，交流也很难继续。

一、目光礼仪原则

演艺圈中有这样的说法：一身之戏在于脸，一脸之戏在于眼。与人交往时眼神很重要。究竟应该怎样运用目光才符合礼仪要求呢？目光礼仪原则包括眼神、目光接触时间、目光凝视区、目光投向意义等四个方面。

(一)眼神

眼神明亮有神、亲切坦然、充满自信，如图 3-1 所示。

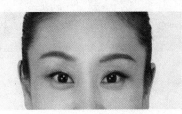

图 3-1 明亮、坦然、自信的眼神

(二)目光接触时间

在与人交流的整个过程中，与对方目光接触的时间应该累计达到整个交谈过程的 50%～70%，其余时间可注视对方脸部以外 5～10 米处，这样显得自然、有礼貌。每次目光接触时间不要过长，2～5 秒即可移开。

(三)目光凝视区

(1) 公务凝视区。即对方以两眼、额中形成的三角区，如图 3-2 所示。在洽谈、磋商、谈判等严肃场合，目光投向公务凝视区，可给人严肃、认真、自信的感觉。

(2) 社交凝视区。即对方唇心与双眼形成的中三角区，如图 3-3 所示。这是在各种社交场合都适用的注视方式，可给人自然、和蔼的感觉。

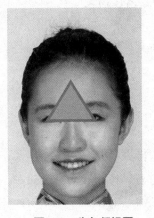

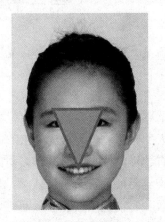

图 3-2 公务凝视区　　　　图 3-3 社交凝视区

(四)目光投向意义

迎宾时的目光：3米之内目光真诚地注视对方，以示期盼，如图3-4所示。

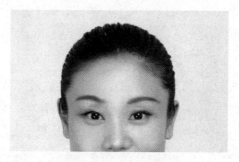

图3-4　迎宾时的目光

送客时的目光：目光向下，以示谦恭。
会谈时的目光：目光平视，表示自信、平等、友好。
倾听时的目光：目光专注，适时地回应、交流。
见面时的目光：凝视对方，一般以2~3秒为宜。

二、目光(眼神)训练

要实现目光集中坦然、注意力集中、眼神明亮灵动、眉目传神、双眼微笑的目标，必须花上4周左右的时间，坚持每天2次以上，每次不少于15分钟的目光训练。训练方法如下。

(一)眉开眼笑训练

获得微笑眼神训练方法。

头部保持不动，目光平视，用手遮住鼻子和嘴唇，让双目微合，目光柔和，眉头稍上提，如图3-5所示。每天可重复2次，每次坚持15分钟不改变。

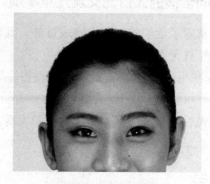

图3-5　微笑眼神

(二)目光灵动训练

获得明亮灵动眼神的训练方法。

保持头部不动,让目光集中于一点,坚持 1 分钟以上,使目光有神;然后,以 V 字型或 W 字型等方式运动自己的眼球,使目光灵动,如图 3-6 所示。每天重复数次,每次坚持 3~5 分钟。

图 3-6　灵动目光

三、目光交流注意事项

(一)社交场合目光交流注意事项

不停地眨眼,表示听不懂别人在说什么。

眼神飘忽,表示对别人说话的内容不感兴趣。

怒目圆睁,表示我很生你的气,不愿与你交往。

目光呆滞,表示木讷,精力不集中。

眼神热辣,会让人感到很不自在。

脉脉含情,有勾引对方之嫌。

(二)与不同国家、不同信仰的人目光交流注意事项

(1) 与穆斯林交流。通常除了他们的合法家庭成员外,其他人的目光不得关注异性的脸和眼睛,男人和女人的目光只允许接触一两秒钟。

(2) 在有的国家(如东亚和尼日利亚),不能直接对视占主导地位的人,这是最起码的尊重。

(3) 在西方人眼中,目光躲闪是不可靠、不可信赖的表现,可以导致对方怀疑你有不可告人的企图。

四、社交场合目光禁忌

忌眼神空洞,甚至口微张开,给人木讷的感觉。

第三章 仪态礼仪

> **趣味故事**
>
> **京剧表演艺术家刘长瑜眼神训练的故事**
>
> 刘长瑜9岁起受教于四大名旦之一的荀慧生先生，为了练好一双美目四盼的眼神，刘长瑜每晚手持香火坐在暗处，眼睛紧紧盯住火头，手转眼转，一练就是一两个小时。看乒乓球比赛更是她独创的训练方法。每次坐在观众席上，双眼盯着快如闪电的乒乓球，不仅练活了眼神，还和乒乓球名将成了好朋友。

> **知识拓展**
>
> **眼睛保健。** 现代医学表明，手机、电脑对眼睛有伤害，因此，平时常做眼保健操或进行目光灵动训练可有效缓解眼疲劳，也可以在眼睛疲劳时用热毛巾捂住双眼，闭目休息一会儿，饮食上可以补充含有叶黄素的食物，这类食物有保护视力的作用。

第二节 微笑礼仪

微笑礼仪.mp4

微笑是人类独特的表情，属于人类体态语言。

微笑具有普遍性、时效性、示意性、感召性、不稳定性、可交换性等。

一、微笑的意义

通过微笑，能传达出对他人的信任，让人不再感到陌生和冰冷。

微笑能有效缓解紧张气氛，传达宽容和爱。

中国有句俗话："人不会笑莫开店。"外国人说得更直接："微笑不用花钱，却永远价值连城。"真诚的微笑往往能带来意想不到的效果。

位于法国巴黎的科尼克亚购物中心装修开业前夕，经理却还在为售货员的工作制服没有确定而苦恼。他望着好几家服装公司送来的制服样品，尽管都设计得简洁、美观而富有特色，但他总觉得缺少点什么，于是他向世界著名时装设计大师丹诺·布鲁尔征求意见。这位83岁的时装设计师听明白经理朋友的意思后，忠告说："其实员工穿什么衣服并不重要，只要他们面带微笑。"现在，科尼克亚已发展成巴黎最大的购物中心之一，并以销售法国纯正葡萄酒而享誉全世界。同时，它也是巴黎少有的几家没有统一的员工制服的购物中心，但是它的服务和微笑被公认是世界一流的。

北京王府井大街百货大楼优秀营业员张秉贵，从业27年中，就是靠和蔼的微笑服务赢得顾客赞誉，赢得个人和集体的无上光荣……

二、微笑的礼仪原则及训练

有魅力的微笑不是天生的，而是依靠自身努力通过学习获得的。

(一)微笑的礼仪原则

在保持良好形体姿态的基础上,情绪放松。口、眼、眉结合,面部呈现眉毛弯弯,眼含笑意,目光集中、坦然、自信友好,笑肌(又称苹果肌)拉动,嘴角上扬,嘴微微张开露出 6~8 颗上牙,如图 3-7 所示。

图 3-7　微笑标准

(二)微笑训练

微笑虽然是简单的表情,但要真正地成功运用,除了要注意口形外,还要注意面部其他部位的配合。

1. 训练部位及要求

训练部位为眉、眼、脸、嘴。其训练要求如下。

1) 眼部训练要求

第一,保持平视、明亮、亲切、友好的眼神。

第二,舒展眉头,轻提眉毛,眉梢向上给人喜感。

第三,双目露笑,达到眉开眼笑的效果。

2) 嘴部训练要求

在英语字母 E 发音口型的基础上,嘴角微微上扬,露出 6~8 颗上牙。

3) 面部训练要求

第一,拉动笑肌,面部上提。

第二,检查微笑形成之后,面部是否呈王字。首先,舒展眉毛,眉毛外侧提起,呈一字;其次,双眼稍眯呈一字;最后,嘴角上扬呈一字。三横有了,加上笔直的鼻子便成了王字。

2. 练习工具

一面镜子和一只筷子。

3. 训练方法

1) 模拟微笑训练法

第一步,面对镜子,轻合双唇。

第二步,两手食指伸出(其余四指自然握拢),指尖位于两侧嘴角上方,如图3-8所示。

图3-8 微笑训练法1

第三步,让食指、中指、无名指指尖缓慢匀速地分别向左右外侧上方移动,嘴角跟着运动,两侧唇角向斜上方展开,注意观察是否形成满意的微笑,并让微笑停留数秒钟,如图3-9所示。

图3-9 微笑训练法2

第四步,两手食指、中指、无名指再缓慢匀速地向中间靠拢,同时,微笑的唇角开始同步缓缓收回,如图3-10所示。需要提示的是,训练微笑缓缓收住,这很重要。切忌不能让微笑突然停止。

图3-10 微笑缓缓收回

如此反复开合训练 20~30 次。

2) 咬箸训练法

咬箸训练法，又称日式训练法、咬筷子训练法。

第一步，一只筷子顶住门齿，然后放于上下齿之间，嘴巴张开，观察一下就可以发现已经初具微笑的口型，然后，转用上下各 2 颗前齿轻轻咬住筷子，检查此时嘴角的位置比筷子水平线是高还是低，如图 3-11 所示。

 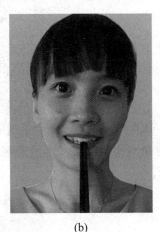

(a)　　　　　　　　　　　　　　(b)

图 3-11　咬箸训练法 1

第二步，将筷子横放于上下齿之间，分别用两手食指把嘴角推到不能再上升的位置为止，保持 30 秒，如图 3-12 所示。

第三步，拿下筷子，检查能否看到 6~8 颗上齿。露出的上齿不足 6~8 颗时，要调整嘴型大小，从而达到标准。并且记住此时嘴角上扬的基本形状，要使自己能够随时做出这个动作。

图 3-12　咬箸训练法 2

第四步，再一次咬住筷子，在 30 秒内反复说 "E……"，从而不断地提升嘴角。

第五步，拿下筷子，一边说 "E……" 一边用两手掌心按住左右笑肌从下往上推，把嘴角牢牢提起来。重复这个动作 30 秒。如感到颧骨下方特别疲劳，就用手揉一下。

除了嘴角外，眼睛和眉毛也同样需要练习。平时，当我们与对方距离 5 米时，对方的视线最先注意到的是嘴角,而在 5 米之内,视线就会落在眼睛上,所以目光的接触也很重要。

第六步,把筷子放在眉毛下面,在 30 秒内反复提升、落下眉毛。这样为一组动作,保持 30 秒。

第七步,眼睛微睁,看两眼角是否在一条直线上。这样为一组动作,保持 30 秒。

第八步,头部端正,目光平视、集中、亲切、自然、柔和。

3) 对镜训练法

第一步,背部挺直,坐在镜子前面。

第二步,反复练习嘴角水平运动。闭上嘴,拉紧两侧的嘴角,使上嘴唇在水平方向上紧张起来,保持 30 秒,如图 3-13 所示。

图 3-13　嘴型练习

第三步,聚拢嘴唇。在嘴角紧张的状态下,保持 30 秒。

第四步,慢慢地绽开微笑。在其中挑选能看见 6～8 颗牙齿的最满意的笑容,并记住这次微笑每一个部位的动作形成。

第五步,照着镜子,试着笑出前面所选的微笑,保持 30 秒。反复练习。

第六步,对着镜子练习,使眉、眼、面部肌肉、口形在笑时和谐统一,如图 3-14 所示。

图 3-14　对镜练习

眉头自然舒展,眉心微微向上扬起,形成人们常说的"眉开眼笑"。

4) 记忆提取训练法

据说这是演员在训练中经常采用的一种方法，也被称为"情绪记忆法"。就是将自己过去那些最愉快的、最令人喜悦的情景，从记忆中唤醒，使这种情绪重新涌上心头，重享惬意的微笑。

5) 观摩欣赏训练法

这是几个人凑在一起，互相观摩，互相交流，互相分享开心微笑的一种方法。平时也可以留心观察他人的微笑，把精彩的"镜头"封存在记忆中，时时模仿。

6) 想象训练法

放松面部肌肉，闭上眼睛，调动感情，发挥想象力，展望美好的未来，使微笑源自内心，有感而发。此刻注意嘴角应微微向上翘起，让嘴唇略呈弧形。最后，在不发出笑声、不露出牙龈的前提下，轻轻一笑，如图3-15所示。

图3-15　想象练习

以上训练方法可以配合使用。

7) 微笑的矫正训练

两侧的嘴角不能一起提升的人很多，这时利用筷子进行训练很有效，但需要反复练习才能实现。

微笑时露很多牙龈的人，往往笑的时候没有自信，不是遮嘴，就是腼腆地笑。露出牙龈时，可以通过嘴唇肌肉的收缩训练来弥补。

皱起眉头的人要加强眉眼放松训练。

面无表情的人要多进行面部笑肌拉动训练。

三、微笑的注意事项

(一)不要笑过了头

笑过头嘴会咧得太大，给人一种傻乎乎的感觉，如图3-16所示。

(二)要笑得自然

微笑要发自内心才能笑得自然，笑得亲切，笑得美。不能为笑而笑，没笑装笑，皮笑肉不笑。

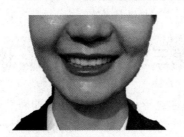

图 3-16　笑过头嘴会咧得太大

(三)要笑得真诚

人对笑容的辨别力非常强,笑容是否真诚,通过直觉就能判断。

所以,微笑一定要真诚。真诚的微笑可以给对方温暖,引起对方的共鸣,加深双方的友情。

(四)微笑要看场合

微笑虽然能让自己受到欢迎、心情舒畅,但也要看场合,否则就会适得其反。如出席一个庄严的集会,或去参加追悼会,或是讨论重大的政治问题时,微笑不仅不合时宜,甚至招人厌恶。因此,微笑一定要分清场合。

四、微笑的禁忌

一忌不走心的傻笑。

二忌皮笑肉不笑。

三忌微笑时目光斜视或左顾右盼、心不在焉。

四忌微笑时耸动鼻子。

五忌微笑时嘴里吃东西或嚼口香糖。

知识拓展

牙齿可以让你的微笑更迷人

我们都知道黄金分割,也就是 0.618 法,凡是符合 0.618 比例的都很美。有人计算过,人的门牙比例符合黄金分割。拥有了漂亮的牙齿,怎么笑才是最美的呢?总结起来就是两个 0:0 下牙,0 牙龈。好莱坞明星们正是了解了这样的定律,所以个个微笑可人,让人羡慕,如图 3-17 所示。

图 3-17　只露上牙的微笑

即最美的微笑是露出 6~8 颗上牙,并且上牙的牙龈不能露出来。

第三节 站姿礼仪

形体礼仪，顾名思义就是通过形体来表示礼仪，即用肢体语言表达尊重、表现素养、展现优雅。形体礼仪的基础是"形"。这个形，讲的是体态给人的感觉。

形体礼仪实操就是要通过"收""提""抬""挺""拔"对身体各个部位分别进行塑造、修饰，对气质进行强化提升，达到最美的形体视觉及最佳的精神状态。

一、站姿的意义

站姿是形体礼仪的基础。正确的站姿可使男人看起来坚定自信、英姿勃发，可使女人看起来曲线优美、亭亭玉立。

二、站姿礼仪原则

站为人体静态动作，站姿礼仪原则是：身体直立，颈项向上引，收腹挺胸提臀，两臂自然下垂，给人挺拔笔直、舒展俊美、玉树临风的美感。

相反如果塌腰耸肩、探脖曲腿、摇摇晃晃，则会给人留下不好的印象。

站姿的基本要求是"站如松"。社交场合，一个身姿挺拔、精神饱满、双目有神、面带微笑的人，会显得整齐精神、气质良好，人们自然会多看一眼，并能迅速判断他受过良好训练，于是产生信赖，愿意与他沟通交流，这是人的爱美天性决定的。如果一个人站姿松散，会让人感觉其衣冠不整、精神不振、邋里邋遢，并因此判断他没有受过良好训练，出于本能，对其产生不信任感，不喜欢跟他打交道，甚至怀疑他的能力。站姿比较，如图3-18所示。

(a) 普通人　　　　　　　　(b) 军人

图3-18　站姿比较

在市场营销课程中有这样一个案例。一位销售人员几乎已经成功地说服了他的客户，可是当他们站到办公室的台前商谈具体事宜时,他的站姿却坏了事:他歪歪斜斜地站在那里,一只脚还不停地点地,好像打拍子一样。这位客户觉得销售人员是在表示不耐烦和催促,于是,他就用"下一次再说吧"跟这位销售人员道别了。

销售人员的不雅站姿,使得本该成功的交易气氛一下子凝固了,失去了交易机会。

在面试考核中也有这样的例子。某市政府机关招公务员,小 A 通过考试顺利地进入面试环节。面试开始,小 A 进入考场,站立在考官们的面前,弓腰驼背,全身松散,由于紧张,一只脚不停地抖动,表现得极不自信。最后,小 A 没能通过面试。可见,站姿在关键时刻也能决定一个人的去留。

三、站姿的分类及特点

常见的站姿可分为:垂手式、前腹式、后背式(这些主要讲手放置的位置)或 V 字步、丁字步(这主要是讲脚位)。

标准的站姿,从正面观看,全身笔直,精神饱满,两眼正视,两肩平齐,两臂自然下垂,两脚跟并拢,两脚尖张开 60°左右,身体重心落于两腿正中;从侧面看,两眼平视,下颌微收,挺胸收腹,腰背挺直,两手中指贴裤缝,整个身体庄重挺拔。标准站姿要求做到五条线与地面平行,一条线与地面垂直,即双耳连线、双肩最高点连线、双侧髋骨连线、双膝连线、双踝连线都与地面平行,身体中线则与地面垂直,如图 3-19 所示。

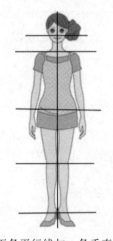

(a) 五条平行线与一条垂直线

(b) 前腹式标准站姿

图 3-19 标准的站姿

(一)男士站姿

1. 立正式(适合正式场合)

立正式站姿的要领如下。

(1) 两脚跟靠拢,两脚尖向外分开约 60°,如图 3-20 所示。
(2) 躯干挺直,收腹,挺胸,立腰;身体正直,稍微向前倾。

男士立正式站姿.mp4

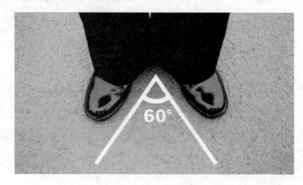

图3-20 立正式站姿脚位

(3) 两肩端平,稍微向后张。

(4) 两臂下垂,自然伸直,手指并拢自然微曲,拇指尖贴于食指第二关节,中指贴于裤缝。

(5) 头正,颈直,下颌微收,面带微笑,目光平视,如图3-21所示。

立正站姿庄重、大气,适合正式场合。

图3-21 立正站姿

2. 自然式

自然式站姿的要领如下。

(1) 躯干挺直,收腹,挺胸,立腰,上身正直。

(2) 头正、肩平。

(3) 两臂伸直,双手自然下垂或右手握住左手腕部,自然地垂放于小腹前,如图3-22所示。

(4) 左脚向左侧跨出10厘米左右,使双脚略分开。

(5) 下颌微收,面带微笑,目光与对方有交流。

自然式站姿显得有亲和力,适合商务交流。

男士自然式站姿.mp4

(a)　　　　　　(b)

图 3-22　自然式站姿

3. 跨立式

跨立式站姿的要领如下。

(1) 在立正式的基础上，身体挺直，左脚向左侧跨半步，使双脚分开，与肩同宽。

(2) 双手在背后腰间皮带的位置，左手握住右手的手腕，如图 3-23 所示。

男士跨立式站姿.mp4

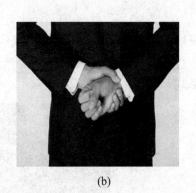

(a)　　　　　　　　　　　　(b)

图 3-23　跨立式站姿

跨立式站姿威严、霸气，适合特殊礼仪场合。

(二)女士站姿

1. "V 字步"站姿

"V 字步"站姿的要领如下。

(1) 挺胸，立腰，收腹，精神饱满。

(2) 双肩平齐，向后舒展；双臂自然下垂，双手放在身体两侧(该手位称"垂手式")，或右手搭在左手的手背上，右手食指盖住左手的掌关节，两手拇指收于内，自然

女士 V 字步站姿礼仪.mp4

地贴在小腹前(该手位称"前腹式"),如图3-24所示。

图 3-24　女士"V 字步"站姿

(3)　双腿并拢,脚跟靠紧,脚尖分开呈"V"字形,身体重心落在两脚中间。

(4)　头正,目光平视,下颌微收,面带笑容。

"V 字步"站姿端正中略有自由,郑重中略有放松,可用于参加庆典、聆听贵宾讲话、商务谈判后的合影等。

2. 自然式站姿

自然式站姿的要领如下。

(1)　在"V 字步"站姿的基础上,两脚平行略分开 10 厘米左右;可采用前腹式手位,也可用垂手式手位。

(2)　目光友善、亲切,面带微笑,与人交流,如图3-25所示。

自然式站姿可用于站立交流。

女士自然式站姿.mp4

图 3-25　女士自然式站姿

3. "丁字步"站姿

"丁字步"站姿的要领如下。

(1) 挺胸,立腰,收腹,精神饱满。

(2) 双肩平齐,向后舒展;双臂自然下垂,右手搭在左手的手背上,右手食指盖住左手的掌关节,两手拇指收于内,自然地贴在小腹前,如图3-26所示。

女士丁字步站姿.mp4

图3-26 女士站姿手位

(3) 双腿并拢,左脚脚跟紧靠右脚的脚窝,身体重心落在两脚中间。

(4) 头正,目光平视,下颌微收,面带笑容,如图3-27所示。

图3-27 女士"丁字步"站姿

"丁字步"站姿适合迎宾以及重大活动、涉外活动的礼宾。

四、站姿的要领

站姿的要领总结起来就是:平、直、高、收、提、挺。只要做到这六个字,就一定拥有标准、大气、挺拔、端庄的站姿。

平:即头平正、双肩平、目光平视。

直:即腰直、腿直,后脑勺、背、臀、脚后跟成一条直线。

高:即重心上拔,使下颚、胸线、臀线上提,整个人看起来显得高。

收:即下颌微收、收腹。

提:即提臀。

挺：即挺胸、腰背挺直。

五、站姿训练方法

站姿训练方法有很多种，下面介绍常见的两种。

(一)九点贴墙法

准备场地：一面 1 m×2 m 的墙。

具体操作方法如下。

(1) 背贴着墙站立。

九点靠墙法.mp4

(2) 两脚的脚跟、两腿的小腿肚、左右两侧臀部、左右两肩的肩胛骨、后脑勺紧贴墙壁，并且头、脊、臀、腿、脚跟纵向成直线，如图 3-28 所示。

图 3-28　九点贴墙法

每天早晚各站 20～30 分钟，坚持 3 周以上，即可有挺拔的身姿。

(二)顶物法

准备道具：一本书和一张纸。

具体操作方法如下。

顶物法.mp4

(1) 保持立正站姿，把书平放在头顶上，并保持使其不掉下来。

(2) 自然地挺直脖子，收紧下巴，挺胸收腹，立腰提臀。(以此训练头部的控制能力)

(3) 双腿夹纸。在两腿膝盖间夹上一张纸，保持纸不松、不掉，如图 3-29 所示(此训练腿部的控制能力，可矫正轻度"O 型腿")。

每天早晚各站 30 分钟，坚持 3 周以上，即可有挺拔的身姿。

图 3-29　顶物法训练

六、站姿禁忌

(一)弯腰驼背

站立时弯腰驼背，除去其腰部弯曲、背部弓起之外，通常还会伴有颈部弯缩、胸部凹陷、腹部凸出、臀部下垂等不良体态，显得一个人缺乏锻炼、无精打采，甚至不健康。

(二)手位不当

站立时手位不当，会破坏站姿的整体效果。手位不当主要表现在：双手抱在脑后、用手托着下巴、双手抱在胸前、肘部支在某处、双手叉腰、将手插在衣服或裤子口袋里，如图 3-30 所示。

图 3-30　不良站姿(一)

(三)脚位不当

避免"人"字步和"蹬踩式"脚位站立。"人"字步即"内八字"；"蹬踩式"指的是在一只脚站在地上的同时，把另一只脚踩在鞋帮上或踏在其他物体上。

(四)身体歪斜

站立时身躯歪斜，如头偏、肩斜、腿曲、身歪，或是膝部不直，不但直接破坏了人体的线条美，而且会使自己显得颓废消沉、萎靡不振或自由放荡，如图 3-31 所示。

(a) 含胸驼背　　　(b) 翘臀　　　(c) 高低髋(长短腿)　　　(d) 足外翻

图 3-31　不良站姿(二)

知识拓展

从站姿看个人性格与心理

近年来，许多研究表明以下几点。

脊背挺直、胸部挺起、双目平视的站立：说明此人有充分的自信，给人以"气宇轩昂""心情乐观愉快"的印象，属开放型。

弯腰曲背、略显佝偻状的站立：属封闭型，表现出自我防卫、闭锁、消沉的倾向，同时，也表明此人精神上处于劣势，有惶惑不安或自我抑制的心理。

别腿交叉而立：表示一种保留态度或轻微拒绝的意思，也是感到拘束和缺乏自信心的表现。

将双手插入口袋而立：具有不袒露心思、暗中策划、盘算的倾向；若同时配合有弯腰曲背的姿势，则是心情沮丧或苦恼的反映。

背手站立者：多半是自信力很强的人，有居高临下的心理，喜欢把握局势，控制一切。图 3-32 所示为毛泽东的背手站姿。

图 3-32　毛泽东的背手站姿

第四节 走姿礼仪

一、走姿的意义

走姿是人体的动态展现,是站姿的延续。走姿是仪态美的重要内容之一。文雅、端庄,阳刚、自信的走姿,可以给人沉着、稳重的感觉,能给人留下气质、修养良好的印象。

二、走姿礼仪原则

走姿礼仪原则:步履自然、轻盈、稳健,身姿挺拔,目光平视,面带微笑,直线行走,充满自信。

三、走姿的要领

(一)身体

保持身姿挺立,颈直,下颌内收,双目平视,面带微笑。

(二)手姿

五指轻轻握拢,拇指贴于食指第二关节。

(三)脚位

脚向正前方迈出,按照先脚跟后脚掌的顺序着地,同时身体重心前移。男士步幅为65~75厘米;女士步幅为30厘米左右。

(四)手臂

两臂前后自然摆动,向前摆臂时,小臂自然向里合,手心向内,拇指根部对正衣扣线,并与最下方衣扣同高,距离身体约25厘米;向后摆臂时,手臂自然伸直,手腕前侧距裤缝线30厘米。

(五)行进步频

男士108~110步/分钟;女士118~120步/分钟。

四、走姿训练

要有轻盈而优雅的步伐必须按照以下步骤坚持练习。
第一步:左腿屈膝,向上抬起,提腿向正前方迈出。
第二步:脚跟先落地,经脚心、前脚掌至全脚落地,同时右脚后跟向上慢慢垫起,身体重心移向左腿。

第三步：换右腿屈膝，经过与左腿膝盖内侧摩擦向上抬起，勾脚迈出，脚跟先着地，落在左脚前方，两脚间相隔规定距离(男士为65~75厘米；女士为30厘米左右)，如图3-33所示。

(a) 男士标准走姿

(b) 女士标准走姿

图3-33　标准走姿

注意：迈左腿时，右臂在前；迈右腿时，左臂在前。

将以上动作连贯运用，反复练习。

五、走姿注意事项

(一)头正

双目平视，收下颌，表情自然平和。

男士走姿动作分解.mp4　　女士走姿要领分解.mp4

(二)肩平

两肩平稳，防止上下或前后摇摆。双臂前后自然摆动，前后摆幅为30°~40°，两手自然弯曲，在摆动中侧面离开腿不超过一拳的距离。

(三)躯挺

上身挺直，收腹立腰，重心稍微前倾。

(四)步直

两脚尖略分开，脚跟先着地，经脚掌，走出的轨迹要在一条直线上。

(五)步幅适当

行走中两脚落地的距离基本相同，不同的性别、不同的身高略有差异。

(六)步速均匀

行进的速度保持均匀、平稳，自然舒缓，可显得成熟、自信。

(七)步履要求

男子步履雄健有力,走平行线,展示出刚健、英武的阳刚之美;女性走路,轻盈快捷,快步频、小步幅、轻落地,使人感到轻柔如春风。

六、走姿禁忌

一忌八字步。

二忌低头驼背,如图 3-34 所示。

图 3-34　不良走姿

三忌摇晃肩膀。

四忌双臂大甩手。

五忌扭腰摆臀。

六忌左顾右盼。

七忌脚擦地面。

八忌双手插在口袋里。

第五节　坐姿礼仪

一、坐姿的意义

坐姿是人们最常见的由动态到静态的姿势,整个过程最能体现个人的气质、风度和修养。

二、坐姿礼仪原则

坐姿礼仪是静态礼仪。坐姿礼仪的原则是:从椅子左侧入座,坐到椅子 2/3 处,动作标准规范,不走光;坐姿端正高雅。

三、坐姿的要领

(一)入座要轻而稳

走到座位前，转身背对座位，轻稳地坐下。坐到椅子的 2/3 处。女士若是着裙装，入座时应用双手将裙摆稍稍拢一下，防止走光。

(二)坐下之后要直

坐下后保持面带微笑，双目平视，下颌微收，立腰、挺胸、头正、肩平，身体自然挺直。

(三)双手放置要得当

男士：两手分别放在双腿上或两手十指相交放于面前腿上。

女士：两臂自然弯曲放在膝上(或腿上)，也可一只手放在椅子或沙发扶手上，另一只手放在腿上。

(四)脚下动作

男士：两腿分开与肩同宽，小腿与地面垂直。

女士：双膝自然并拢，小腿与地面垂直，也可以两腿同时向左或向右侧放(或叠放)，并保持两腿小腿平行，脚尖指向地面。

(五)起立

右脚向后收半步而后起立。女士若是着裙装，起立时应双手拢一下裙摆，防止走光。

四、坐姿实操训练

(一)男士坐姿训练

1. 标准式

第一步，背对座位。

第二步，保持上身直立，双肩放松，头部端正，下颚微收，轻缓坐下，使上半身与大腿成直角。

第三步，两腿自然弯曲，小腿与地面垂直，两脚平落在地面。

第四步，双膝分开与肩同宽。

第五步，两手分别放在膝盖上，如图 3-35 所示。

2. 前伸式

在标准坐姿的基础上，右脚(或左脚)向前伸出半个脚位，使左右两只脚形成一前一后之势，脚尖不离地面；两手分别放在两腿上。

男士坐姿礼仪.mp4

第三章 仪态礼仪

图 3-35 男士标准坐姿

(二)女士坐姿训练

1. 标准式

第一步，轻缓地走到座位前，背对座位，两脚保持立正姿势(或丁字步)。
第二步，右脚后退半步，使小腿能轻轻触碰到座椅。
第三步，左脚随即跟上，两脚并拢。
第四步，保持身体直立、头正、肩平、下颚微收、面带微笑，缓缓落座。
第五步，坐下后，双腿并拢，两臂自然弯曲，右手在上，左手在下，交叉叠放在两腿靠近小腹之处，如图 3-36 所示。

图 3-36 女士标准坐姿

女士坐姿礼仪.mp4

2. 前伸式

在标准坐姿的基础上，一只脚向前伸出半个脚位，形成一脚在后、一脚在前的脚位；双腿并拢，两脚掌着地。两臂自然弯曲，右手在上，左手在下，交叉叠放在两腿靠近小腹之处，如图 3-37 所示。

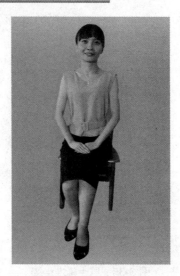

图 3-37　前伸式坐姿

3. 侧步式

侧步式坐姿可分为左侧步和右侧步。

(1) 左侧步。在标准坐姿的基础上，左脚向左侧迈半步，向左斜出，右脚也向左跨半步；双膝并拢，两小腿平行并充分伸直(这样显得小腿修长)；两脚跟靠拢，脚尖着地。坐下后，两臂自然弯曲，右手在上，左手在下，交叉叠放在两腿靠近小腹之处，如图 3-38 所示。

图 3-38　左侧步坐姿

(2) 右侧步。在标准坐姿的基础上，右脚向右侧迈半步，向右斜出，左脚也向右跨半步；双膝并拢，两小腿平行并充分伸直(这样显得小腿修长)；两脚跟靠拢，脚尖着地。坐下后，两臂自然弯曲，右手在上，左手在下，交叉叠放在两腿靠近小腹之处，如图 3-39 所示。

图 3-39　右侧步坐姿

4. 叠步式

叠步式坐姿可分左叠步和右叠步。

(1) 左叠步。在标准坐姿的基础上，左脚向左侧迈半步，向左斜出，右腿以最小的动作叠在左腿上；双膝靠拢，两小腿平行并充分伸直(这样显得小腿修长)；左脚尖着地，右脚尖指向地面。坐下后，两臂自然弯曲，右手在上，左手在下，交叉叠放在腿靠近小腹之处，如图 3-40 所示。

图 3-40　左叠步坐姿

(2) 右叠步。在标准坐姿的基础上，右脚向右侧迈半步，向右斜出，左腿以最小的动作叠在右腿上；双膝靠拢，两小腿平行并充分伸直(这样显得小腿修长)；两脚尖也指向地面。坐下后，两臂自然弯曲，右手在上，左手在下，交叉叠放在左腿靠近小腹之处，如图 3-41 所示。

图 3-41 右叠步坐姿

五、入座、离座时注意事项

1. 从容不迫慢慢落座

女性落座要娴雅，保持"直、稳、慢"。穿裙装的，在落座前要用双手在后边臀部附近自上而下把裙子捋一下，防止坐出皱褶或意外走光。

2. 从左侧入座、离座

就座时最好从座椅的左侧入座，离座也一样从左侧离开。这是遵从以右为尊的原则，把右侧通道让给他人，这样做才符合礼仪。

3. 离座时要端庄稳重

起立前，右脚先向后收半步，再缓慢立起，向前走一步，最后从左侧离座。

六、坐姿的禁忌

(一)腿部的禁忌

一忌女士两大腿和膝盖张开，双脚左右分开，脚尖外翻，如图 3-42 所示。

图 3-42 不良坐姿(一)

二忌一条腿横架在另一条腿上，上身慵懒歪斜，如图 3-43 所示。

图 3-43　不良坐姿(二)

三忌以脚蹬踏他物或架在沙发扶手、茶几上，以脚勾住桌腿。

四忌腿部上下抖动、左右摇晃；频繁地变换架腿姿势；拍打地面等。

五忌双腿直伸出去。

六忌脚尖指向他人。

(二)手的禁忌

一忌就座以后用双手抚摸小腿或脚部，这种举动极不卫生也极不文雅。

二忌就座后，双手抱头，如图 3-44 所示。

三忌用双肘支在面前的桌子上，这种坐姿对同座的人来说是不礼貌的。

四忌将双手夹在两腿之间，这个动作显得人胆怯或害羞，如图 3-45 所示。

图 3-44　不良坐姿(三)　　　图 3-45　不良坐姿(四)

(三)上身和头部禁忌

忌上身趴伏在桌椅上或将头埋在桌子上。

(四)其他禁忌

一忌半坐半躺，如图 3-46 所示。
二忌看见座位，抢先入座。

图 3-46　不良坐姿(五)

知识拓展

不同坐姿反映出的心态

研究表明，人在落座时，不同的心境、不同的个性，其动作的大小、快慢、轻重各不相同。不同的坐姿可以反映不同的心理状态。

(1) 深坐与浅坐。与人交谈时，坐得靠后——深坐，或坐得靠前——浅坐，都反映了不同的心理状态和待人态度。深坐，表现出一定的心理优势和充满自信；浅坐，表现出尊重和谦虚；过分的浅座，则有自卑和献媚之嫌了。

(2) 张腿坐与并腿坐。男子张开双腿而坐，表示个性奔放坦率，胸怀开阔，且有较强的自信和支配欲。女性张腿而坐则是不雅观的，不论何时、何地、任何情况，都不可采取这种坐姿。

男子并腿坐，表示严肃、郑重和认真。女子常常采用这种坐姿，表现出端庄和郑重。

(3) 半躺半坐，表现出无所谓的心态，也是放肆、教养差的体现。

(4) 女士侧步、叠步坐姿脚尖朝向他人是不礼貌的表现。

第六节　蹲姿礼仪

一、蹲姿的意义

蹲姿不像站姿、走姿、坐姿那样使用频繁，因而往往被人们忽视。

其实，蹲姿是人们最常用的由动态到静态再到动态的特殊体位。下蹲整个过程既可展现一个人的文化、修养，同时，也可显示一个人的细致程度。

二、蹲姿礼仪原则

蹲姿礼仪原则：自然、稳妥、得体、大方，不遮遮掩掩。

男士蹲姿礼仪.mp4

女士蹲姿礼仪.mp4

三、蹲姿要领

蹲姿是否优美，不取决于书面定义的哪条腿在前哪条腿在后，而是取决于下蹲的速度、方向和姿势。常用蹲姿有两种，要领各不相同。

(一)男士蹲姿要领

男士在标准站姿的基础上，右脚后退半步，前脚掌着地，蹲下后臀部坐在右脚跟上(膝盖不着地)，两腿分开约60°，两手手指自然并拢，分别放在两膝上。

(二)女士蹲姿要领

女士在标准站姿的基础上，右脚后退半步，前脚掌着地，双手向后将裙蹲下，臀部位于右脚跟上，膝盖不着地，两腿靠拢，两手自然相握放在两腿上，保持上身直立，如图 3-47 所示。

图 3-47　女士蹲姿

四、标准蹲姿训练

第一步，在标准站姿(立正站姿)的基础上，右脚后退半步。

第二步，保持上身直立，头正肩平，目光平视，面带微笑，缓缓向下蹲(女性在下蹲过程中要将裙摆，防止走光)。

第三步，保持左小腿垂直于地面，全脚掌着地，女士大腿靠紧，男士大腿略分开。

第四步，右脚跟提起，前脚掌着地，左膝高于右膝。

第五步，以左脚为主要支点支撑身体。

第六步，男士将两手分别放在两条腿上；女士则右手在上，左手在下，交叉叠放在两腿上，防止着裙装走光，如图 3-48 所示。

(a) 男士　　　　　　　　　　　　(b) 女士

图 3-48　标准蹲姿

五、蹲姿注意事项

(一)蹲下前先观察

不要靠近他人蹲下，以防被别人不小心碰到而摔倒。

(二)先示意再蹲下

蹲下前应先示意旁边人，不要唐突蹲下，以免发生意外。

(三)拣拾物品

站在物品旁边，然后下蹲，保持物品在蹲下后腿高的一侧。

(四)防止走光

女士着短裙时要注意，下蹲时切勿正面朝向他人，以防出现不雅现象。

(五)起身站立

不要用手撑大腿站起，而应轻松自然地缓慢起身。着裙装的女士起身时，首先双手五指并拢先捋裙摆，然后再缓缓地直立起身，收腿站立。

六、蹲姿禁忌

一忌两腿平行蹲下。
二忌蹲下后两腿分开过大。
三忌下蹲过程中臀部向后撅起。

第三章 仪态礼仪

四忌下蹲时露出内衣。

五忌下蹲时距离别人太近。

知识拓展

下蹲可提高心肺功能利于健康

学生和办公室工作人员，平时久坐，脊椎、颈椎、膝关节始终保持弯曲，承受压力，特别累。下蹲运动可以活动关节、放松肌肉、提高身体平衡能力、改善体形、提高心肺功能，让身体变得更加年轻。

思考与练习

1. 为何要加强大学生仪容仪表和仪态礼仪的培养？

2. 每天2次，每次3~5分钟的目光训练，坚持1个月，让自己获得一双明亮灵动的眼睛。

3. 每天1次，15~20分钟对镜练习微笑，坚持1个月，使微笑自然大方，提升自己的亲和力。

4. 每天以九点法贴墙站立20~30分钟，坚持1个月，收获良好站姿，打好个人气质提升的基础。

5. 注意坐姿，每次坐下时保持"直、稳、慢"；坐下后保持身体直立。

6. 每天按照"身姿挺直，双肩平稳，步伐从容，行走直线，表情自信"的要求行走30分钟以上，培养良好走姿和精神状态。

第四章 社交礼仪

学习目标

掌握社交礼仪实操及应用。

学习任务

掌握社交礼仪实操，学会电话礼仪、握手礼仪、鞠躬礼仪、介绍礼仪、称呼与问候礼仪、名片礼仪、交谈礼仪、拜见与拜访礼仪、家庭待客礼仪等礼仪实操和应用。

社交礼仪，顾名思义，是指在社会交往过程中需要掌握和运用的礼仪，也是个人素质的集中体现，关系到社交活动的成功与否。

本章主要针对社会交往中需要掌握的礼仪知识，如电话(邮件)礼仪、握手礼仪、鞠躬礼仪、介绍礼仪、称呼与问候礼仪、名片礼仪、交谈礼仪、拜见与拜访礼仪、家庭待客礼仪等进行详细的实操讲解，以满足社交场合实际应用的需要。

第一节 通信礼仪

一、办公室电话礼仪

接打电话是日常工作和社会交往中不可或缺的事情，在这个看不见对方的特殊场合，通过电话传递，最能显示出个人文化修养和素质，所以，掌握电话礼仪很重要。

(一)接听电话礼仪

接电话的礼仪原则如下。

(1) 三声之内迅速接听。

(2) 标准的第一声应该是自报家门，如："您好！××大学××学院，王××。"

(3) 要有喜悦的心情，清晰明朗的声音。

(4) 了解来电话的目的，以稳定的声音、和缓亲切的语调，认真清楚地回答他人的提问，重要信息要复述。

(5) 对自己职权内解决不了的事情说明缘由，请求对方等待，及时请示(报告)后复电。

(6) 重要来电必须记录并及时报告。

(7) 挂电话前要说"再见"。

(8) 挂电话应遵循"尊者先挂；主叫先挂"的原则，即等位序高的人或者是打进电话的一方先挂断电话，自己再挂断。图4-1 所示为面带微笑接听电话。

图 4-1　面带微笑接听电话

(二)拨打电话礼仪

拨打电话的礼仪原则如下。

(1) 时间选择。拨打电话要考虑他人的时间，非特殊情况一般不在吃饭时间、午休时间、晚上 22:00 以后、节假日打扰他人。

(2) 空间的选择。为了保证通话质量和通话内容的私密性，一般不在公众场合拨打电话，尤其是重要电话。

(3) 自我介绍。拨通电话后首先问好，然后自报家门，如："您好，我是×××银行的×××"。

(4) 表达清楚。拨打电话事先要想好通话内容，表达要言简意赅，重要电话要先列提纲，突出关键词，重要信息要求对方复述。

(5) 控制通话时间。除了特殊情况需要双方进行细致的电话交流之外，一般应把通话时间控制在 3 分钟之内。

(6) 礼貌用语。通话过程中以及通话结束时都要注重礼貌用语，通话结束要礼貌地说"再见，挂了"，待对方确认后方可挂断电话。

(三)拨打电话注意事项

(1) 电话突然中断，由主叫方立即重拨，并向对方说明情况。

(2) 拨错电话，应主动向对方道歉。

(3) 遇到对方误拨电话，应耐心说明，不可恶语相加。

(4) 替他人接听电话，应做好记录并及时转达。

(四)接打电话禁忌

一忌接打电话心不在焉，答非所问。

二忌语无伦次，表达不清。

三忌语速过快，态度生硬。

四忌电话聊天，影响他人。

五忌不接电话或挂断对方电话。

二、移动电话礼仪

(一)安全使用手机

(1) 手机不适宜传递机密信息，以防泄密。

(2) 特殊场所谨慎使用手机，如在开车时、在加油站以及公众场合。

(3) 特殊情况请勿使用手机，如雷雨交加时。

(二)文明使用手机

(1) 在公共场所、办公室内要养成将手机静音的习惯，不要在大庭广众之下手机频频响起，更不要在人多处使用手机大声打电话。图 4-2 所示为使用手机大声接打电话。

图 4-2　使用手机大声接打电话

(2) 接打电话要与他人、餐桌、水杯等保持距离。

(3) 讲究电话礼仪。接打电话要主动回避，以免影响他人。

(4) 公务电话尽量在上班时间拨打，特殊情况则要做到言简意赅。

(5) 非特殊情况，一般不在 22:00 之后拨打他人电话，以免影响别人休息。当然，更要避免深夜拨打他人电话，以免惊吓已经入睡的人。

(三)规范使用手机

(1) 不随意使用他人手机。非紧急情况不要使用他人的手机，这是自身修养的一种

第四章 社交礼仪

体现。

(2) 不替他人接听电话。未经本人授权，不擅自接听他人电话。

(3) 尊重隐私。不翻看他人手机信息。

三、电子邮件礼仪

(一)电子邮件书写

电子邮件书写要求如下。

(1) 邮件主题明确。每一封邮件都必须有一个明确的主题，使收件人打开邮件便能对邮件所涉及的事项和讨论内容一目了然，快速决定对邮件处理的轻重缓急。比如，"关于××情况通报"就比仅仅使用"情况通报"四个字好得多。

(2) 语言流畅。电子邮件是信函的一种，也讲究信函的基本格式，抬头、内容、祝福语言、落款、日期一样都不能少。语言必须规范流畅，网络流行语及表情符号等不宜在正式邮件中出现。

(3) 内容简洁。电子邮件因受篇幅限制，不宜过长。因此，邮件内容应直奔主题，一般以不拖动滚条就能读完为宜。如果内容较长，可将其整理成格式规范的文档形式，作为附件发给对方。

(4) 用好附件。众所周知，邮件附件可以发送文档、照片、音频、视频等，是对邮件内容的补充、说明和完善，因此，对附件要进行必要的整理和命名，以便收件人阅读和收藏。

(二)电子邮件发送

(1) 确认发送。邮件发送后要确认是否发送成功，要检查"已发送"邮件箱，或几分钟后检查个人邮箱中是否有系统退信邮件。因为有时由于网络等原因会导致邮件并未发送成功。

(2) 通知查收。重要邮件发送后一定要电话通知收件人查收，确认是否收到并阅读邮件内容，以免耽误重要事项。

(三)电子邮件回复

收到他人的邮件后，及时回复对方是对他人的尊重，回复按照紧急、重要、一般等程度，在收到邮件后两小时至 24 小时内回复对方。

如果事情复杂，无法及时给予确切回复，也应该及时通知对方邮件已收到，正在办理中，不要让对方盲目空等。如正在休假或外出，应设定自动回复功能，提示发件人，以免影响工作。

回复邮件，仅回复"好的""是的""对"等字眼是非常不礼貌的。回复邮件也应遵循信函书写要求，称呼、内容、祝福语言、落款、日期等一项不少。回复的内容一般不少于 10 个字，以表示对发件人的尊重。

(四)关于"收件人""抄送""密送"

"收件人"地址是直接收信人,负有回复邮件的责任。

"抄送、抄报"地址是间接收件人,只是要间接收件人知晓邮件涉及内容,仅供参考或掌握情况,因此,间接收件人并没有必须回复邮件的责任,即对抄送、抄报邮件可回复,也可不回复。

"密抄"和"抄送"差不多,区别在于"收件人"和"抄送"的收件人看不到"密抄"的邮箱地址,即"密抄"对上述两者来说不可见。"密抄"的收件人可根据邮件的具体情况决定是否回复发件人。

四、短信、微信礼仪

如今,手机短信、微信已经成为人与人联络感情、交流思想、沟通信息、相互提醒的重要手段,被越来越广泛地使用,使它也成为基础礼仪中的一个重要组成部分。使用手机收发短信、微信,应该注意哪些礼仪呢?

(一)信息联络,调至振动

在一切需要将手机调至振动状态或是关机的场合,即使是用手机接收短信、微信,也一定要设置成静音或振动状态,并且不要在别人注视到你的时候查看短信。一边和别人说话,一边查看手机短信,是不礼貌的表现。

(二)信息内容,格调高雅

在短信或微信内容选择和编辑上,应该讲究文明和高雅。不要把一些不健康的文字、图片、视频、音频等转给他人,更不要人云亦云,转发一些未经核实的信息,这样做既不符合公民道德,也显得素质低下,更是不尊重对方的表现,有的还会给社会以及家庭造成不良影响。尤其是一些非议党和政府,讽刺伟人、名人甚至是革命烈士的短信,更不要去转发。

(三)信息祝福,有来有往

现在,凡是重要的节假日,人们都会相互发一些祝福的短信或微信。来而不往非礼也,当自己收到别人发来的短信、微信时,一定要及时回复一条祝福对方的短信或微信。接到对方回复后,一般不要再发致谢之类的信息,因为对方一看,又得回过来。就祝福短信来说,一来一往足矣,二来二往就多了,三来三往就成了繁文缛节。

(四)短信署名,不误正事

短信署名十分重要。短信署名既是对对方的尊重,也是达到交往目的的必要手段。凡是遇到重要的节假日,几乎每个人都会收到来自四面八方的祝福短信,发短信的人如果不署上自己的名字,有时对方就不知道是谁发的,再去核实很麻烦。如果是正事,不署名更会耽误事。

（五）微信用真名，方便辨识

在微信上，有许多人都不愿以真名示人，取而代之的是网名、微信名，节日祝福的时候也没有正确落款，让人看了云里雾里，不知道这份祝福是谁送的，要回复也不能正确称呼，弄得很尴尬。

（六）信息试探，预约通话

有时想给身份高或重要的人打电话，但知道对方很忙，把握不准拨打对方电话的时机，就可以先发条短信或微信与其联系，比如，"××领导，有要事找，是否方便给您打电话？"如果对方没有回短信息，一定是不方便，应该过段时间再以短信提醒；如果对方告知有时间，或对方电话打过来，就可以马上通话。

（七）信息提醒，易于接受

如果事先已经与对方约好参加某个会议或活动，为了怕对方忘记，最好事先用短信或微信再提醒一下。短信、微信显得非正式但亲切得多，既达到提醒的目的，又不失分寸。当然，用短信、微信提醒时语气应当委婉。

（八）信息隐私，及时删除

如果手机上有一些并不希望别人看到的短信、微信，应该及时删除，否则，就可能引起麻烦。有时候，异性朋友发一些语言亲昵的短信，其实是因为双方熟了，开开玩笑，如果让他人看见，就会引起不必要的误会。

（九）信息乱发，心中不悦

发送短信、微信最主要的是要讲公德。频繁地给他人发毫无意义的信息，把短信、微信当成自己打发时间、放松情绪的平台，是丧失公德的表现。有的人不顾他人是否繁忙、时间是否恰当，就发信息跟人家聊天，就是在干扰他人。如果对方正在主持会议或者正在商谈重要事项，聊天式的短信、微信会让对方心中不悦。

（十）信息骚扰，要换位思考

有些人喜欢在夜深人静时给他人发信息，殊不知，对于刚入睡或已熟睡的人来说，突如其来的短信、微信铃声，会极大地干扰睡眠，让人觉得发信息的人素质低下。短信、微信虽然简便，但对于 24 小时不关机的人来说，"信息骚扰"会令他心生反感，所以发短信前一定要换位思考。再者，微信群中，一些人喜欢聊到深夜，他们不考虑其他人的感受，只图自己高兴，这也容易让人反感。

> **知识拓展**

如果你是下属，该如何替领导接听电话，应注意什么？

1. 若熟人找领导，应立即转告，请领导接电话。在传达电话前，要清楚地说明电话是"××单位××先生打来的电话"，同时，要把从对方得到的信息简洁、迅速地转达给领导，让领导有思想准备。

2. 若领导正忙或已出差无法接电话时，可让对方留言，表示会主动联系。对方有留言，必须记录，记录的重点如下。

(1) 何时、何人来的电话。
(2) 有何要事。
(3) 是否需要回电话。
(4) 回电话的对象是谁，该如何称呼。
(5) 对方电话号码等。

记录完毕要复述一遍，然后把电话记录放在领导的桌上，以便他回来后能及时看到。

第二节　握　手　礼　仪

握手礼仪.mp4

一、握手的意义

握手是在社交场合中相见、离别时相互表示情谊、致意的一种礼俗，除此之外，还是祝贺、感谢或相互鼓励的表示。

握手有着"无声胜有声"的神奇力量，被世界上大多数人所接受，成为通行世界的礼仪形式。

二、握手的礼仪原则

(一)适用场合

(1) 见面礼、告别礼。
(2) 用于一些特殊场合，如向人表示祝贺、感谢或慰问时。
(3) 双方交谈中出现了令人满意的共同点时。
(4) 双方原先的矛盾出现了某种良好的转机或彻底和解时，习惯上也以握手为礼。

(二)伸手的位序

握手遵循"尊者居先"的伸手原则，即由位序高者先伸手，位序低者方可与之相握。

(1) 男士与女士握手应该女士先伸手。
(2) 长辈与晚辈握手应该长辈先伸手。
(3) 老师与学生握手应该老师先伸手。
(4) 上级与下级握手应该上级先伸手。
(5) 客人来访，主人先伸手；客人告辞时，则应由客人先伸手。

三、握手礼仪实操

(一)距离

握手时双方应保持 1 米左右的距离。

(二)表情体态

面带微笑,双目自然注视对方,上身稍微前倾。

(三)伸手姿态

伸出右手,四指并拢,虎口张开。

(四)手掌姿态

掌心向左,手掌与地面成 60°~70°夹角,如图 4-3 所示。

图 4-3　握手的正确姿势

(五)手臂

大臂与身体正面成 20°~30°夹角,小臂与大臂成 110°~120°夹角。

(六)手姿

握手时与对方虎口相交,五指相握,动作自然放松,突出热情,如图 4-4 所示。

(七)握手时长

握手一般时间为 2~3 秒。

图 4-4　握手的正确手姿

四、握手的注意事项

(一)握手要专心致志

左顾右盼,或者忙于招呼其他人,都是对握手对象的失礼。

(二)掌握力度

握手时用力过重,会弄疼对方;而用力过轻,则有敷衍了事之嫌。握手时,用力要适当,不轻不重最好。

(三)慎用双手与人相握

若非故友重逢,或表示慰问,不宜同时用自己的双手去握别人的一只手,尤其不可对异性采取这种"三明治式"的握手方式。

(四)注意体现尊重

握手时依旧戴着手套、手里拿着东西,是不尊重对方的表现。

(五)注意保持稳重

握手时不要用另一只手拍打对方身体,也不要拉着对方的手使劲摇晃。

(六)避免误会

与人握手,特别是与异性或初识之人握手,不宜过久,一般 3 秒钟左右即可,要不然,会显得热情过头,容易产生误会。

(七)避免不信任的握手

与人握手一定要握住对方手掌,不要伸直五指碰一下对方的手即收回,这样很失礼,会让对方觉得你不信任他,不愿与他打交道。

(八)注意掌心朝向

伸出手时掌心向下,给人傲慢的感觉;伸出手时掌心向上,给人过于谦恭的感觉,应该掌心向左。

(九)有表情，有语言

握手时表情要自然，伴有寒暄语句。

五、握手的禁忌

一忌不尊位序。
二忌心不在焉。
三忌用力不当。
四忌握手时间过长。
五忌用左手与他人握手(因为有的伊斯兰国家认为左手不洁)。
六忌握手时不摘手套、墨镜。
七忌死鱼式握手，如图 4-5 所示。
八忌用湿手、脏手与人相握。
九忌交叉握手。

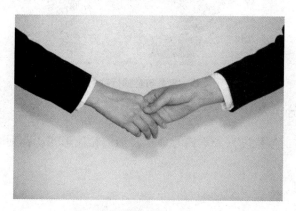

图 4-5 死鱼式握手

第三节 鞠 躬 礼 仪

鞠躬，意思是弓身行礼，是表示对他人敬重的一种郑重礼节。这种礼仪形式在我国春秋时期就已出现。

一、鞠躬的意义

鞠躬是传达友谊，表示敬重、谦虚、感谢、深深道歉等思想的一种外在表现形式。

鞠躬，一般是下级对上级或同级之间、学生向老师、晚辈向长辈表达由衷的敬意的礼仪形式。

鞠躬礼既适用于一般的社交场合，也适用于庄严肃穆、喜庆欢乐的仪式。

二、鞠躬礼仪原则

鞠躬礼是世界通行的礼仪，更是中国、日本、韩国、朝鲜等国家传统的、普遍使用的一种礼节。

鞠躬礼遵循"尊者居后"原则。即位序较低的一方应先向受尊敬的一方施以鞠躬礼，位序高的一方才还以鞠躬礼。位序较低的一方鞠躬时角度要大一些，如图4-6所示。

如今，鞠躬礼融合了国际元素，因此，比传统鞠躬礼显得更具美感、更标准化、更有欣赏价值、更具亲和力。

图4-6　学生向老师行鞠躬礼

(一)鞠躬礼的分类及含义

鞠躬礼是用身体前倾程度来表达内心尊重之情的礼仪形式。鞠躬时身体前倾角度分为以下三种。

(1) 15°的鞠躬。

(2) 30°的鞠躬。

(3) 45°的鞠躬。

(二)鞠躬的基本仪态及适用场合

鞠躬礼通常可根据施礼的原因、对象、场合来决定鞠躬时身体前倾的角度。

(1) 15°鞠躬。身体前倾15°，表示欢迎，用于一般性的接待、问候，适用于大型活动迎宾以及普通的接待场合。

(2) 30°鞠躬。身体前倾30°，表示非常欢迎、尊重，可用于正式场合的接待、问候，适用于社交场合、演讲、谢幕等。

(3) 45°鞠躬。身体前倾45°，表示热烈欢迎、致敬或道歉，常用于重要场合、重要活动中的问候或道歉。

(三)鞠躬礼基本动作要领

1. 女士动作要领

在标准站姿的基础上，保持双手自然下垂或双手相叠于小腹前，以髋关节为轴，上身直立随轴心转动向前倾斜，目光落在相应的位置。

女士在鞠躬时手部位置基本不动；行礼后抬头时，眼睛要看着对方，面带笑容。

2. 男士动作要领

身体立正站姿，双手自然下垂，中指紧贴裤缝，以髋关节为轴，上身直立随轴心转动向前倾斜，目光落在相应的位置。

男士在鞠躬时保持手部位置基本不动；行礼后抬头时，眼睛要看着对方，面带微笑。

(四) 鞠躬礼实操

1. 女士 15°鞠躬礼(又称 15°致意)实操

（1）在"V字步"或"丁字步"站姿的基础上，采取垂手式(双手自然下垂)或腹前握指式(右手叠在左手上，右手食指盖住左手掌关节，两拇指内收；双手自然相握放在小腹前)。

（2）目光平视，面带微笑。

（3）保持头、颈、脊柱在一条直线上，以髋关节为轴，上身稍向前倾，目光与对方相接，此时身体前倾角度为 15°，如图 4-7(a)所示。

（4）身体前倾到位后，保持 2～3 秒再慢慢起身。

（5）起身后依旧保持标准站姿。

女士 15°鞠躬礼.mp4

2. 男士 15°鞠躬礼(又称 15°致意)实操

（1）在立正站姿的基础上，两臂自然下垂，中指紧贴裤缝。

（2）目光平视，面带微笑。

（3）保持头、颈、脊柱在一条直线上，以髋关节为轴，上身稍向前倾，目光与对方相接，此时身体前倾角度为 15°，如图 4-7(b)所示。

男士 15°鞠躬礼.mp4

(a) 15°致意正面(腹前握指式)

(b) 15°致意侧面(垂手式)

图 4-7　15°鞠躬礼

（4）身体前倾到位后，保持 2～3 秒再慢慢起身。

(5) 起身后依旧保持标准站姿。

3. 女士30°鞠躬礼(又称30°致意)实操

(1) 在"V字步"或"丁字步"站姿的基础上，采取垂手式(双手自然下垂)或腹前握指式(右手叠在左手上，右手食指盖住左手掌关节，两拇指内收；双手自然相握放在小腹前)。

(2) 目光平视，面带微笑。

(3) 保持头、颈、脊柱在一条直线上，以髋关节为轴，上身前倾。

(4) 目光随身体倾斜移向自己脚前方1.5米处，此时身体前倾角度为30°，如图4-8(a)所示。

(5) 身体前倾到位后，保持2～3秒再慢慢起身。

(6) 起身后依旧保持标准站姿。

女士30°鞠躬礼.mp4

4. 男士30°鞠躬礼(又称30°致意)实操

(1) 在立正站姿的基础上，两臂自然下垂，中指紧贴裤缝。

(2) 目光平视，面带微笑。

(3) 保持头、颈、脊柱在一条直线上，以髋关节为轴，上身向前倾。

(4) 目光随身体倾斜移向自己脚前方1.5米处，此时身体前倾角度为30°，如图4-8(b)所示。

男士30°鞠躬礼.mp4

(a) 30°致意正面(腹前握指式)　　(b) 30°致意侧面(垂手式)

图4-8　30°鞠躬礼

(5) 身体前倾到位后，保持2～3秒再慢慢起身。

(6) 起身后依旧保持标准站姿。

5. 女士45°鞠躬礼(又称45°致意)实操

(1) 在"V字步"或"丁字步"站姿的基础上，采取垂手式(双手自然下垂)或腹前握指式(右手叠在左手上，右手食指盖住左手掌关节，两拇指内收；双手自然相握放在小腹前)。

(2) 目光平视，面带微笑。

(3) 保持头、颈、脊柱在一条直线上，以髋关节为轴，上身向前倾。

(4) 目光随身体倾斜移向自己脚前方 1 米处，此时身体前倾角度为 45°，如图 4-9(a)所示。

(5) 身体前倾到位后，保持 2～3 秒再慢慢起身。

(6) 起身后依旧保持标准站姿。

女士 45°鞠躬礼.mp4

6. 男士 45°鞠躬礼(又称 45°致意)实操

(1) 在立正站姿的基础上，两臂自然下垂，中指紧贴裤缝。

(2) 目光平视，面带微笑。

(3) 保持头、颈、脊柱在一条直线上，以髋关节为轴，上身向前倾。

男士 45°鞠躬礼.mp4

(4) 目光随身体倾斜移向自己脚前方 1 米处，此时身体前倾角度为 45°，如图 4-9(b)所示。

(a) 45°致意正面(腹前握指式)　　(b) 45°致意侧面(垂手式)

图 4-9　45°鞠躬礼

(5) 身体前倾到位后，保持 2～3 秒再慢慢起身。

(6) 起身后依旧保持标准站姿。

三、鞠躬礼注意事项

(一)鞠躬之前先有声

鞠躬之前要说"您好""欢迎""谢谢""再见"等。

(二)鞠躬角度有讲究

在庄重盛大或是人数众多的场合，向大家致意时，鞠躬的角度要大一些。

(三)鞠躬礼还礼

位序相同的人之间，如果接受鞠躬礼之后，应以鞠躬来还礼。

如果是上级或长者可不必回以鞠躬礼，而只用欠身点头或握手答礼即可。

(四)对同一个人，不要反复鞠躬

对同一个人，鞠躬礼施用一次即可，不必反复鞠躬。

(五)鞠躬礼前，摘帽有讲究

戴着帽子，行鞠躬礼之前必须摘下帽子，摘帽时手应由额头正上方拿住帽子顶部摘取。如果要转向自己身体左侧的人鞠躬，应以右手摘帽；如果要转向自己身体右侧的人鞠躬，则应以左手摘帽。

(六)领奖鞠躬致敬

上台领奖时，先向颁奖者鞠躬，以示谢意，再接奖品，然后转身面向全体与会者鞠躬，以示敬意。

四、鞠躬礼禁忌

一忌戴帽子、墨镜鞠躬。
二忌一面鞠躬一面翻眼看对方。
三忌鞠躬时嘴里吃东西或叼着香烟。
四忌手插在口袋里鞠躬。
五忌一边鞠躬，一边说话。
六忌鞠躬起身时，视线转移到别处。
其实，礼数的周全并不是靠鞠躬次数来体现的，而是靠恰当、得体的动作来表达。

第四节　介　绍　礼　仪

一、介绍的意义

我们每天都在认识新的面孔，结交新的朋友。初次认识，总少不了介绍，介绍自己、介绍别人，或被别人介绍。得体的介绍往往会给对方留下良好的第一印象，因此人们又把介绍称为人际交往的桥梁。

二、介绍的礼仪原则

(一)介绍的分类

介绍可分为自我介绍、介绍他人、介绍集体。

(二)介绍的基本礼仪

介绍应遵循"尊者居后"的礼仪原则，即不论是自我介绍还是介绍他人或介绍集体，都应先把位序较低的人介绍给位序较高的人。

具体操作时,担任介绍者角色的人应该讲究以下基本礼仪。

(1) 表情要自然、亲切、友善、随和。

(2) 语言清晰,音量适中,语速勿过快。

(3) 介绍姓名时,一定要口齿清楚,发音准确,把易混淆的字咬准,对同音字、近音字必要时要加以解释。

(4) 介绍的内容要实事求是、真实可信,切忌自吹自擂、夸大其词。

(三)介绍礼仪实操

1. 自我介绍礼仪实操

(1) 自我介绍应遵循欲结识对方,无人引见,即可自我介绍;有两人共同的熟人在场,不可自我介绍的原则。

(2) 自我介绍时,应表情自然,面带微笑,目光与对方相视,自信友好,一般以"很高兴认识大家,我来作一下自我介绍"为开端。

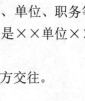

自我介绍.mp4

(3) 自我介绍应该简明扼要,语言规范,声音柔和,音量适中,吐字清晰,用语礼貌。

(4) 自我介绍完毕,应说"请多多关照",伴以15°鞠躬礼致意。

(5) 不同自我介绍的含义如下。

- 寒暄式(泛泛之交)。只有姓名一项,甚至可以只到姓氏为止。如"你好,我是×××。"
- 公务式(介绍三个要素)。一般是在正式场合,介绍内容以双方的姓名、单位、职务等为主。如"你好,我叫×××,是××单位××职位,请多多关照。"
- 社交式(介绍四个要素)。一般双方有共同的熟人,介绍内容以双方的姓名、单位、职务、共同的熟人为主。如"你好,我叫×××,在××单位××处工作,是×××的朋友,请多多关照。"
- 礼仪式(正规场合)。一般是在正式场合,介绍内容以双方的姓名、单位、职务等为主,介绍自己姓名时可加一些谦辞。如"你好,在下×××,是××单位××职位,请多关照。"
- 问答式。有问必答,这属于被动自我介绍,表示不怎么愿意与对方交往。

2. 听他人自我介绍的礼仪实操

(1) 目光朝向介绍人,面带微笑,仔细聆听。

(2) 记住对方的姓名、职业等(如果没有听清楚,不妨在个别问题上再仔细问一遍)。

(3) 他人作了自我介绍后,要主动伸出手去与之握手,并说"很高兴认识您"。

听他人介绍礼仪.mp4

(4) 他人作了自我介绍后,自己也应相应地作自我介绍。

3. 为他人介绍的礼仪实操

为他人作介绍是作为第三方为彼此不相识的人引见、介绍的一种方式。介绍他人通常是双向的，即将被介绍者双方分别进行介绍。

(1) 为他人作介绍前必须征得双方同意。

(2) 为他人作介绍的顺序：先将男士介绍给女士；先将年轻者介绍给年长者；先将未婚女子介绍给已婚女子；先将职位低的介绍给职位高的；先将家庭成员介绍给对方；先把个人介绍给团体；先把后来者介绍给先到者。

(3) 介绍他人时，应面带微笑，目光向双方示意，一般以"下面我来为大家作一下介绍"为介绍他人的开始。

(4) 伸出右手，掌心向上，五指并拢，手势朝向被介绍人，"这位是×××"，如图4-10所示。

(5) 语言规范，声音柔和，音量适中，吐字清晰，用语礼貌。

(6) 作重点介绍。正规场合，介绍者有意将某人举荐给某人，因此，通常会在某些介绍内容上加以重点介绍。如"这位是书法家协会会员王刚，××公司总经理。"

(7) 被介绍的男士应该起立，女士可免。

为他人介绍礼仪.mp4

图4-10 为他人作介绍

4. 介绍集体的礼仪实操

(1) 介绍集体时，面带微笑，目光向双方示意，一般以"下面我来为大家作一下介绍"为介绍集体的开始。

(2) 语言规范，声音柔和，音量适中，吐字清晰，用语礼貌。

(3) 伸出右手，掌心向上，五指并拢，手势朝向被介绍一方。

(4) 介绍集体的顺序：先介绍位低的一方，后介绍位尊的一方。若被介绍双方地位、身份大致相似，或者难以确定时，则先介绍人数较少的一方，后介绍人数较多的一方。

(5) 在介绍各方人员时，均应由尊到卑，依次进行。

三、介绍人由谁来当

(一)社交场合

在社交场合，一般由女主人或活动组织者担当介绍人，介绍大家认识。

(二)一般性公务活动

一般性公务活动,由单位负责接待的人员作为介绍人,介绍大家认识。

(三)检查工作

检查工作时,一般由对口工作人员作为介绍人,介绍大家认识。

(四)来访接待

来访接待时,一般由东道主一方职务最高者作为介绍人,介绍大家认识。

(五)其他

受到邀请为双方作介绍的人,负责介绍大家认识。

四、介绍的注意事项

(一)介绍前要有引言

介绍前应有一句引言,以避免对方感到突然或唐突,也可以避免介绍不能引起对方注意,造成尴尬。

(二)简短为佳

介绍力求简洁,一般以半分钟为宜。

(三)时机选择

介绍应在对方比较专注时进行。

(四)起立以示尊重

介绍时,介绍人和被介绍人都应起立,以示尊重和礼貌。

(五)热情回应

介绍完毕后,双方应微笑点头示意或握手致意。问候语有"你好,很高兴认识你""幸会"等。

(六)介绍人显示接待规格

单位接待活动中介绍人不同显示接待规格不同。级别越高的人担任介绍人,说明接待规格越高。

第五节 称呼与问候礼仪

人际交往中的称呼和问候礼仪都属于基础礼仪中不可缺少的部分。正确地使用称呼、热情的问候会让人感受到被尊重,获得情感上的满足,促进双方感情的交融,为进一步交往打下良好基础。错误的称呼和不当的问候会使人感到厌恶,不愿与之交往。

笔者就看到过这样的例子。一天在商场买东西,看到二十来岁的服务员对一位头发斑白的女士说:"姐,咱家这个是最好的了,价格也便宜……"还没等服务员说完,那位女士就很不高兴地说:"你们家有这么大年纪的姐吗?没教养。"说罢愤愤离去,服务员一脸懵地站在原地。

一、称呼与问候的意义

称呼和问候是见面礼仪,是个人的文化素质与修养的集中体现,也是社交活动的"敲门砖"。称呼与问候在一定程度上决定着别人对你的判断,也决定着社会交往的成功与否。

二、称呼礼仪与问候礼仪

(一)称呼礼仪

1. 称呼的基本礼仪

要想正确、恰当地称呼他人,必须遵循"合乎常规、区分场合、考虑双方关系、入乡随俗、就高不就低"等礼仪原则。同时,还必须讲究如下基本礼仪。

(1) 称呼他人时,态度要主动、热情、大方、谦虚、有礼。

(2) 称谓要准确,语言要亲切、真切。

2. 称呼的几种功能

(1) 呼唤功能。称呼具有呼唤功能,如"小王,你来一下。"

(2) 关系功能。称呼能反映出呼唤人与被呼唤人之间的关系,如"姐,我回来了。"

(3) 情感功能。除了反映出呼唤人与被呼唤人之间的关系之外,称呼还可以反映出两个人之间的态度和情感,如"老婆,我还没吃饭呢。"

3. 正确的称谓

在不同场合与不同人之间,正确称谓很重要。举例如下。

(1) 日常生活中亲人间称呼:如,爸爸、妈妈、哥哥、姐姐、表姐、堂弟等。

(2) 非正式场合同事、熟人间称呼:①直呼姓名,如王小平、赵大亮,显得很熟悉。②只呼其姓,不称其名,对年长于己者可加"老"字,如"老李""老张";对年幼于己者可加"小"字,如"小范""小刘";对于关系比较好的可加"阿"字,如"阿峰""阿华",显得关系比较近。③只称其名,不称其姓,通常限于同性之间,或上司称呼下级、长辈称呼晚辈之时。在亲友、同学、邻里之间,也可使用这种称呼,显得比较亲切。④对有一定社会地位与声望的老者,在姓氏后加"老"字,显示满满的敬意,如"孙老""赵老"等(可见"老"字在姓氏前与姓氏后是有区别的。在姓氏前表示年龄的长幼,在姓氏后则表示绝对的尊重)。

4. 正式场合常用的称呼

(1) 称呼职务。如王局长、刘总。一般不称呼刘副总,而简称为刘总(体现称呼就高不就低的原则)。

(2) 称呼职称。如李高工、朱教授(一般不称呼朱副教授,而称呼朱教授)(体现称呼就高不就低的礼仪原则)。

(3) 称呼学位。如张博士。

(4) 称呼职业。如范医生、冯老师等。

(5) 称呼年龄。如老伯、小朋友等。

(6) 对陌生人的称呼。入乡随俗,可称呼师傅、老板等。

5. 称呼注意事项

我们在使用称呼时,一定要避免下面几种失敬的做法。

(1) 错误的称呼。一是误读。误读也就是念错姓名。为了避免这种情况的发生,对于不认识的字,事先要有所准备;如果是临时遇到,就要谦虚请教。二是误会。主要是对被称呼人的职务、年纪、辈分、婚否以及与其他人的关系作出了错误判断。比如,将未婚妇女称为"夫人",就属于误会。

(2) 使用不通行的称呼。有些称呼具有一定的地域性,比如山东人喜欢把好友称为"伙计",而在南方人听来"伙计"肯定是"打工仔"。中国人经常把配偶称为"爱人",而在外国人的意识里,"爱人"是"第三者"的意思。

(3) 使用不当的称呼。工人可以被称呼为"师傅",但如果用来称呼其他人,没准还会让对方产生自己被贬低的感觉。

(4) 使用庸俗的称呼。有些称呼在正式场合不适合使用。例如,"兄弟""哥们儿""姐们儿"等一类的称呼,虽然听起来亲切,但让人觉得档次不高。

(5) 称呼外号。不要给别人起外号,更不能用外号去称呼对方,也不能随便拿别人的姓名开玩笑。

(6) 使用变了意思的称呼。这些年,称谓礼仪出现了许多变化,这让许多人尤其是一些年长者有应接不暇、无法适应的感觉。首先是"小姐"这一称谓,由于受社会风气的影响,"小姐"一词已经变味,意思南辕北辙,所以,人们已经不再随意使用这个称谓了。而"小姐"的替代词也花样繁多,比如见到年纪大的称"大姐"、年纪小的就称"小妹"。其次是"同志"一词也被同性恋占用,所以,人们也已经不再随意使用这个称谓了。而"同志"的替代词则是"大哥""姐姐""大爷"。

6. 称呼禁忌

一忌缺少主语的称谓。需要他人时,根本不用任何称呼,直接说"你,去把会议室整理一下",或者代之以"喂""嘿",都是极不礼貌的称呼。

二忌距离不当的称呼。在正式交往中,若是与仅有一面之缘者称兄道弟,或者称自己的上司为"朋友"等,都是与对方距离不当的称呼的表现。

(二)问候礼仪

问候是很好的社交媒介。通过恰如其分的问候，可以增进双方的感情，发展双方的友谊。

1. 问候分类

问候可分两种：一是直接问候；二是间接问候。直接问候就是问候对方本人。间接问候就是问候双方共同的熟人，通过间接问候可增进两个原本不相识的人的感情。如王先生与刘先生初次见面，刘女士："请问王先生，你的姐姐好吗？我许久没见到她了，挺想她的。""哦，她挺好的。怎么，你认识她？""我们俩是大学同学，住一个宿舍呢。"于是，双方的陌生感顿时消失。

2. 问候的礼仪原则

(1) 问候也讲究位序。一人问候另一人，应遵循"位低者先行"的原则，如学生先问候老师，如图4-11所示。

图4-11 问候也讲究位序

下级先问候上级；男士先问候女士；晚辈先问候长辈；主人先问候客人。

一人问候多人，应按照"尊者居先"原则，从位序高的向位序低的依次问候，也可以由近而远地顺时针依次问候。

(2) 问候时态度要自然、主动、热情、大方、专注。

3. 问候注意事项

不要见面就问疾病或悲伤的事，既影响对方情绪，又影响交流效果。

4. 问候禁忌

忌问候对方忌讳的人和事。

第四章 社交礼仪

> **知识拓展**

中国传统文化中，称呼的礼仪

中国传统文化中，有关称呼的礼仪包括：敬称礼仪、谦称礼仪、美称礼仪、婉称礼仪。

1. 敬称礼仪

敬称是对对方及其有关者的一种表示尊敬的称呼。中国人主要有以下几种敬称法。

(1) 人称称谓。晚辈对尊长、同辈有"您""您老"等。尊长对晚辈一般称"你"。这些称谓都表明说话者的客气与谦敬。

(2) 亲属称谓。日常生活中，对亲属的称呼一般以双方血缘关系为基础，如叔叔、舅舅等。

(3) 家属称谓。对别人家属的尊敬，使用最广的是令、尊、贤、台等敬辞。

(4) 职业称谓。一般在比较正式的场合用职业称谓，这带有尊重对方职业和劳动之意。

(5) 职衔称谓。对有职务的客人以职务称呼显得特别尊敬。按照我国的礼仪惯例，称呼副职时一般不说"副"字。

(6) 姓名称谓。通常在正式场合称呼比较熟悉的同辈人为"老+姓"。长者对晚辈称"小+姓"。小辈对老辈称呼有时也称"姓+老"。

(7) 通称。用于对一面之交、关系普通的交往对象的称谓，称男性为"先生"，女性为"女士"，年龄小的女士可称为"小姐"。

2. 谦称礼仪

谦称是对自己及和自己有关者的一种谦卑的称呼。敬称是尊人，谦称则是抑己，用于表示对他人的尊重。

(1) 谦称自己。最常用的是鄙人、卑职。沿用古人的自谦词有愚、鄙等。

(2) 谦称自己的家属。称呼比自己辈分高或年岁大的家属时，前面冠以"家"字，如父亲称家严；母亲称家慈。同辈冠以"愚"字，如愚兄。晚辈冠以"小"字，如小侄。

(3) 从儿辈称谓。从说话人的子女或孙辈角度来称呼听话人。比如，古代女子称呼丈夫的弟弟为"小叔"，就是从儿辈的称呼。

3. 美称礼仪

尊者对年幼者表示喜爱和看重时称呼可用美称，多用于书面语，以"贤"来构成，有"贤弟""贤侄""贤婿"等。美称对方的子女用"公子""千金"。

4. 婉称礼仪

一般用"阁下"尊称有一定职衔者。"威颜"称男性长者；"慈颜"称女性长者；"尊颜"则是通用。如"冒犯尊颜"即冒犯了你的意思。

——《中国古代文化常识》王力编

第六节　名片礼仪

名片具有自我介绍和联谊功能,是社交的重要媒介。初次相识,往往要相互呈送名片。

一、名片的意义

名片的意义有两种。

第一,介绍自己。通过名片把持有人的姓名、职业、工作单位、联络方式(电话、E-mail)等简明个人信息传播出去。

第二,宣传单位。名片除标注个人信息外,还要标明名片持有者的所属单位名称、地址、业务领域及企业的标志、标准色、标准字等企业形象信息。

二、名片的使用

名片通常可在以下三种情况下使用。
- 拜访活动中。
- 商业交往活动中。
- 某些表达感情或表达祝贺的场合中。

三、名片的管理与存放

(一)名片的管理

(1) 名片不得随意涂改。名片提供的信息应该真实可信,如果随意涂改,一是不尊重对方;二是会使名片主人信誉降低。

(2) 名片不提供私宅电话。这样做最主要的原因是避免打扰。

(3) 名片不印两个以上的头衔。纷繁复杂的头衔不但不令人羡慕,反而会令人觉得名片主人很浮躁。

(二)名片的存放

名片是一个人尊严、价值的外在显现方式,所以,无论对自己还是对他人的名片都应该妥善保管。

男士的名片夹应放在西装内侧的左胸口袋或专门的公文包里;女士的名片夹应放在坤包里。

四、名片交换时机

可在这几种情况下交换名片:一是在交流前;二是在介绍之后;三是在交流中;四是在交流结束临别之际。

第四章 社交礼仪

五、名片交换礼仪

(一)名片礼仪要领

(1) 递、接名片均用双手，名片的正面朝向对方。接过对方的名片仔细阅读后应致谢，并收好。

(2) 与多人交换名片时，应依照次序进行。

(3) 接受名片后，应回敬一张本人的名片，如身上未带名片，应向对方表示歉意。

(4) 名片要放在易于拿出的地方，不要临时翻找。

(二)名片礼仪实操

1. 呈递名片礼仪

(1) 衣着整齐，站立姿势，眼睛应注视对方，面带微笑。

(2) 恭敬地用双手的拇指和食指分别握住名片顶角，将名片的正面朝向对方。

(3) 双臂自然伸出，不紧不慢地送到对方胸前，并大方地说："这是我的名片，请多关照。"

(4) 呈递名片的同时，身体应伴有15°前倾，以示尊重对方，如图4-12所示。

名片呈递礼仪.mp4

图4-12　递名片

2. 接受名片礼仪

(1) 接受他人名片时，应起立，面带微笑，目视对方。

(2) 上身前倾 15°以示答谢，恭敬地用双手的拇指和食指接住名片的下方两角，并轻声说"谢谢"或"能得到您的名片十分荣幸"。如果对方地位较高或有一定知名度，则可道一句"久仰大名"之类的赞美之辞。

接受名片礼仪.mp4

(3) 接过名片应十分珍惜，并当着对方的面，仔细地把名片"读"一遍，不懂之处应当立即请教，如图4-13所示。

图4-13　接过名片认真阅读

(4) 将名片放入自己携带的名片夹或上衣口袋中，千万不要随意乱放，以防污损。

3. 递送名片的顺序

名片递送应遵循"尊者居后，由近而远"的礼仪原则，即位序较低的先向位序较高的人递送名片。男士先向女士递送名片，主人先向客人递送名片，晚辈先向长辈递送名片。

当对方不止一人时，应先将名片递给职务较高者或年龄长者。如分不清职务高低、年龄大小，宜先向自己左侧的人递送名片，然后按顺时针进行。

六、名片交换注意事项

(一)递名片讲究位序

上司在旁时不要抢先呈递名片，要等上司递上名片后才能递上自己的名片。

(二)不要从裤兜里拿出名片来发

这样显得自己很随意，同时也是对他人的不尊重。

(三)不要过早、随意呈送名片

不要在与陌生人谈话中，尚未弄清对方身份时就急于递送名片，更不要把名片视同传单随便散发或手拿一摞名片同时向多人发放。

(四)不宜直接向位序高者索要名片

希望与尊者、长者交换名片时，可委婉提出，不宜直接索取。

(五)不宜会议期间交换名片

参加会议时，应该在会前或会后交换名片，不要在会中与别人交换名片。

(六)适时收藏他人名片

如果交换名片后需要坐下来交谈，此时应将名片放在桌上最显眼的位置，在对方离去之前或话题尚未结束，不必急于将对方的名片收藏起来。

(七)同时接收几张名片

若同时接到几张名片，一定要记住哪张名片是哪位先生或女士的。

(八)自己没带名片如何处理

接受对方名片后，如果自己没有名片可交换，应向对方表示歉意，主动说明，并告知自己的联系方式。

(九)主动介绍自己姓名的读音

如果自己的名字有难读或特别读法的，在递送名片时不妨加以说明。

(十)同外宾交换名片

要先留意对方是用单手还是双手递名片，随后再跟着模仿。因为欧美人、阿拉伯人和印度人习惯用一只手与人交换名片；日本人则喜欢用右手送自己的名片，左手接对方的名片。在中东和东南亚国家，不用左手递接名片。

七、名片交换的禁忌

一忌使用名片盒发名片。

二忌交换名片时目光游移、心不在焉或面无表情。

三忌接过他人名片后漫不经心地随手向衣袋、手袋里塞或用别的物品压住刚接过来的名片以及在名片上做谈话笔记。

四忌不按顺序，跳跃式、交叉式递送名片，如图4-14所示。

图4-14 交叉递名片

五忌用脏手、湿手递接名片。

六忌离开时漏带他人送的名片。

七忌接受他人的名片之后在手头把玩或交予他人。

八忌坐着呈递(或接受)名片。

九忌误将他人的名片当作自己的送给别人。

十忌接过他人名片后一言不发。

> **知识拓展**
>
> **递名片给维吾尔族同胞请用右手**
>
> 维吾尔族同胞见面施礼，以右手贴胸，而绝不会用左手。递给人物品，送人礼物，一律用右手奉上。所以，递名片给维吾尔族人时也一定要记得用右手，当然接名片也必须用右手。

第七节 交 谈 礼 仪

交谈是指运用语言，把自己的想法、要求等传达给对方。

在交谈中，若不注意交谈礼仪规范，或用错了词、或多说了话、或选错话题等，都会导致交往失败(尤其是涉外交往中更显重要)。

交谈礼仪.mp4

一、交谈的意义

交谈是双方交流思想和表达感情最直接、最便捷的途径。通过交谈，可以沟通思想，统一认识，摒弃前嫌，达到人与人之间最大限度的理解和契合。

二、交谈的四项重要礼仪

(一)界域礼仪

交谈活动中，交谈双方必须保持适当的距离，既不能过近，也不能过远。距离过近容易引起误会；距离过远显得生分。到底应该如何保持距离呢？请遵循以下界域礼仪。

- 亲密距离(<0.5米)。
- 常规距离(0.5~1米)。
- 礼仪距离(1~3米)。

(二)交谈话题选择

中国有句俗语："话不投机半句多。"双方交谈，如何才能谈得投机，选择合适的话题尤其重要。

首先，选择谈论对方擅长的话题，这样容易引发对方交流的兴趣；其次，谈论时效性话题，比如，近况、新闻等，这是大家都擅长的，使交流变得容易；最后，谈论轻松愉快的话题，比如，娱乐节目、体育比赛、流行时尚、烹饪小吃、天气状况等，总有一项是对方感兴趣的，容易产生认同感。

(三)交谈的"五不问原则"

交谈时应该遵守私人问题五不问原则。

第一，不问收入。
第二，不问年龄。
第三，不问婚姻家庭。
第四，不问健康问题。
第五，不问个人经历。
因为这些都属于个人隐私。

(四)交谈的站、坐、蹲礼仪

交谈时必须遵守"以右为尊"的位序原则。一般为了表示自谦，除非你的位序远高于他人，否则应主动立于他人左侧，并遵守以下礼仪要求。

(1) 站姿交谈。与谈话对象保持适当距离；面对谈话对象，目光平视，面带微笑；保持身体直立，双手自然放置，如图4-15所示。

图4-15 交谈时的站姿

(2) 坐姿交谈。坐在椅子或沙发的2/3处，目光平视，面带微笑；保持上身直立，双手自然相握于腿上(也可一只手放于沙发扶手，另一只手放在腿上)；女士双脚并拢或前后略分开，男士两腿并拢或自然分开，两脚自然分开小于肩宽。

当坐着不同椅凳交谈时，双方的坐姿如图4-16所示。

(a) 无靠背凳子和旋转椅交谈坐姿　　　　　　(b) 沙发交谈坐姿

图4-16 交谈坐姿

(c) 女士扶手椅交谈坐姿

图 4-16　交谈坐姿(续)

(3) 躬身或蹲姿交谈。与他人谈话(尤其是跟位序较高的人谈话)，要尽量保持低于他人的姿态。对坐着的谈话对象，一般应采用躬身或蹲姿与其交流，如图 4-17 所示。

图 4-17　蹲姿交谈

三、交谈注意事项

(一)保持有亲和力的体态交谈

不要行走着与站着的人说话，这样会让人觉得是在敷衍他；不要站着与坐着的人谈话，这样会显得居高临下，很不礼貌；不要坐着与站着的人谈话，这样显得你架子很大，也很不礼貌。

(二)注意语气、用词和语言逻辑

与他人交谈需要掌握说话的语气、语速，同时应当注意用词和语言逻辑。谈话时表达要清楚，表情要亲切自然。谈话时保持微笑，会使声音柔和，利于交谈。

(三)重视他人感受

交谈过程中，不要一个人不停地说，忽视他人，而要多注意倾听他人的谈话。

(四)有目光交流

交谈中与谈话对象应时不时地有目光交流，以显示尊重对方。如果谈话时不看对方，则显得心不在焉，是对他人的不尊重，谈话也很难继续下去。

四、交谈禁忌

一忌用词错误，词不达意或咬文嚼字，过于啰唆。
二忌不善言辞，口齿不清。
三忌谈悲哀事、伤心事，破坏气氛。
四忌随意质疑对方，抬杠伤感情。
五忌随便对他人谈论的问题进行是非判断。
六忌否定对方的兴趣爱好。

第八节　拜见与拜访礼仪

拜见一般是指前往某约定地点见位序较高的人(如领导、家长等)。拜见一般在个人之间进行。拜访是一种礼貌的说法，指探望、访问，跟位序无关。拜访可在国家、团体、单位、个人间进行。拜见、拜访是当今最平常也最重要的社交活动之一。

一、拜见与拜访的意义

拜见与拜访是重要的社交活动，通过拜见与拜访，可达到交流信息、统一意见、发展友情的目的。

二、拜见与拜访的分类

拜见的类型有：公务拜见、私人拜见(如拜见家长)。
拜见一般来说是位序较低的人主动前往约定地点见位序较高的人，因此，要注重礼仪，留给他人好的印象，以便今后进一步沟通。
拜访的类型有：事务性拜访、礼节性拜访、私人性拜访。

三、拜见、拜访准备

(一)拜见、拜访前的准备

首先，要明确拜见、拜访的目的和确定拜见、拜访的对象。
其次，要认真准备拜见、拜访需要的资料、名片，必要时还必须准备适宜的礼品。
最后，要提前预约并熟悉交通线路，以估算路途时间。

(二)提前预约

提前预约很重要。无论是拜见还是拜访，一般应提前一周预约，以便对方调整时间。预约可采取电话方式、短信方式、邮件方式进行。预约内容包括时间、地点、前往的人数，得到许可后方可拜见或拜访。

预约时间的控制。公务拜见、拜访可选择在周一至周五工作日内，时间不宜过长，以免打扰他人工作。私宅拜见、拜访则以晚上 7:30—8:00 或节假日前夕更妥当。

忌：搞"突然袭击"，做"不速之客"！

(三)仪容仪表准备

拜见、拜访之前，应根据拜见、拜访的对象和目的等，对自己的个人卫生、服饰、容貌进行适当修饰，以形象地反映出自身素质、气质风度和对被拜见、拜访者的尊重。

(1) 个人卫生准备。修剪指甲、洗头洗澡、更换衣服和鞋袜。
(2) 容颜修饰。男士净面、修剪鼻毛、整理头发；女士头发梳理整齐，化淡妆。
(3) 服装搭配。大方得体，大小合身，色彩搭配协调，配饰不宜过于华丽。

忌：浓烈的香水，夸张的首饰，脚不穿袜子，穿过紧、过小、过透、过露的服装。

(四)语言礼仪准备

出发前，对拜见、拜访时需要表达的问题进行认真梳理，确定需要表达的内容和表达的关键词，并排列这些问题的表达顺序和表达方式，看看是否符合语言逻辑，以保证达到拜见、拜访的目的。

(五)其他准备

要根据拜见、拜访对象，选择合适的礼物。比如，送女士的可以是花；送岳父的可以是酒。挑选的礼品要精心包装。

四、拜见、拜访礼仪实操

(一)公务拜见、拜访

(1) 守时守约。在预约拜见、拜访时间前 1 小时应联系对方，确认可以前往后，要尽快前往，以保证在约定时间前到达。
(2) 到达办公区后电话联系对方，让对方有所准备。
(3) 到达接待处后，清晰、礼貌地自报来处，告知已有约定并安静等待。
(4) 见到拜见、拜访对象要主动致意，同时作自我介绍，并对对方抽出宝贵时间表示感谢。
(5) 被拜见、拜访人未请坐，或被拜见、拜访人还未坐下，自己不能先坐。
(6) 坐下后说明拜见、拜访的缘由，应思路清晰，表达清楚，语言逻辑性强，音量适中。
(7) 认真倾听，不在他人讲话时中途插话，重要问题要认真记录。
(8) 拜见、拜访期间态度亲和，不卑不亢。
(9) 拜见、拜访结束及时告辞，要道"谢谢，再见"，并请他人留步。

忌：无时间观念，停留过长时间。

(二)私人拜见、拜访

(1) 确认预约，按时前往。在预约拜见、拜访时间前一天主动联系对方，确认次日的拜见、拜访能否如约前往。得到确认后要按时到达。注意，出发前给对方打个电话。

(2) 提前通报，让对方有所准备。到达指定地点附近应先电话联系对方，让对方有所准备。

(3) 讲究敲门的艺术。到达拜访地点，礼貌敲门，力度适中，间隔有序地敲三下，等待回音。

(4) 见到拜见、拜访对象要主动致意，同时自我介绍，并对对方抽出宝贵时间表示感谢。

(5) 拜见、拜访若在他人家中进行，要遵守做客礼仪。

- 进门后须摘下帽子、围巾、手套、墨镜，脱下外套，并应将自己随手携带的包或手袋放在地上或主人指定的位置。
- 将所带礼物交给前来接待的男、女主人，而不要随手放在地上。
- 被拜见、拜访人未请坐，或被拜见、拜访人还未坐下，自己不能先坐下。
- 坐下后表情要自然，谈话要轻松，保持思路清晰，表达清楚，语言逻辑性强，音量适中。
- 认真倾听，不在他人讲话时中途插话。
- 不在他人家中吸烟。
- 饮茶、吃水果、吃饭要不违礼仪，不坏吃相。要小口慢饮、慢食，切勿发出声响。
- 拜见、拜访期间态度亲和，不卑不亢。
- 拜见、拜访结束后及时告辞，道"再见"，并请他人留步。

忌：无时间观念，停留时间过长，或起身离去后一去不回头，让主人觉得很失望。

五、拜见与拜访注意事项

(一)必要的见面夸赞

第一次拜见、拜访可在适当的时候有一个概括性夸赞，如"您的办公室好整洁""您的家布置得真漂亮"。

多次拜访则要善于发现在上次拜访后的细小变化。特别是当女主人接待时，一定要给予适当的赞美，如"您的发型真好看"，赞美一定要具体。

(二)礼品选择

礼品是联络情感的媒介，在馈赠礼品时应考虑馈赠对象的爱好、兴趣和忌讳，而不能根据自己的好恶来选择礼品。如果不了解馈赠对象的爱好、兴趣，礼品可按实用性、独创性、时尚性标准来选择。

注意别犯忌讳，比如，中国人的礼物不可选择钟、梨；不可给一般同事、异性朋友送内衣、戒指、项链等物品，否则容易引起误会。

送鲜花时，应注意各种鲜花的不同含义，要考虑馈赠的原因和目的。

我国各种鲜花的象征意义如下。

牡丹——富贵

百合花——百年好合

向日葵——光明自由

红玫瑰——爱情

兰花——正气

水仙——尊敬

芍药——离别

菊花——悲伤

(三)要注意礼品包装与馈赠礼仪

赠送礼品应先对礼品进行包装，精美的包装既能体现送礼者的诚意，又可使礼品更具艺术性，如图 4-18 所示。除了注意礼品包装以外，还必须注意馈赠礼仪。

(1) 礼品上可以写上自己的祝词与签名。

(2) 礼品的价格标签应取下，送出有价格标签的礼品是失礼的。

(3) 对于食品类的礼品，一定要注意保质期。

(4) 一般将礼品送至受礼者家中，双手呈送，目视对方说明馈赠的原因、表达的心愿。

(5) 不能在受礼者面前过多地说明礼品的贵重或用途，这样做会使人感到俗气。

忌：将礼品放在角落处而不直接送给受礼者，或在别人家中来回走动、索要物品、乱摸东西、乱开电器、擅自乱蹿房间等。

图 4-18　礼品需要包装

第九节　家庭待客礼仪

家里有客来访，是一件令人高兴的事，应提前做好准备。居室要收拾干净整洁，待客的必备物品，如茶具、茶、开水、烟、各种饮料、水果等都要清洗备齐。

主人不能太随便，要做到仪容整齐迎客，切忌穿睡衣、睡裙或居家服饰随随便便迎接

第四章 社交礼仪

客人。即使是十分熟悉的客人,也应换上便衣。

一、礼貌待客

(一)有约来访

接到客人即将到达的信息,主人应提前到门口迎接,不宜在房中静候。

(二)无约来访

如果有客人突然登门,要热情相待,若室内未整理,应致歉并适当地收拾,但不宜立刻打扫,因为打扫有逐客之意。

(三)客人到来

主人应面带微笑,热情招呼。如有客人手提重物,应主动帮忙,对长者或体弱者可上前搀扶,进入室内应把最佳位置让给客人坐。如果客人是初次来访,应向家人和其他客人作介绍。

(四)敬烟

一般情况下,来客是男士,落座敬烟。敬烟忌用手直接取烟,应打开烟盒递到客人面前请客人自取。敬烟不能忘了敬火,若主人也会吸烟,则应先客后主。

(五)敬茶

1. 敬茶的礼仪原则

以茶敬客在我国各族人民待客礼仪中都是不可缺少的一项。敬茶应遵循如下礼仪原则。

(1) 清洁原则。茶具必须清洁,无水渍或指印。
(2) 尊客原则。注意客人的嗜好,茶水不应过浓。
(3) 倒茶原则。遵循"七茶八酒"原则,即茶水只倒杯子的七分满,留下空间给溢出的茶香。
(4) 敬茶原则。敬茶应遵循"尊者居先"礼仪原则。按照主宾优先,女士优先,长辈优先的顺序。如果来宾甚多,且其彼此之间差别不大时,可采取下列四种顺序上茶:由近而远依次上茶;以客厅之门为起点,按顺时针方向依次上茶,以客人到达顺序上茶,或是客人自己取用。

2. 敬茶的方法

双手端茶盘放在临近客人的茶几上,右手拿杯左手托底,双手将茶杯放置于客人面前(若是有柄茶杯,杯柄朝向客人右手)。

3. 续水的时机

客人喝过几口茶后,即应为之续上,绝不能让其茶杯中的茶叶见底。这种做法的寓意是:"茶水不尽,慢慢饮,慢慢叙。"为客人斟茶如图 4-19 所示。

4. 注意事项

为客人续水让茶,一定要讲究主随客便,切勿神态做作,再三再四地以斟茶续水搪塞客人,而始终一言不发。

过去,中国人待客有"上茶不过三杯"一说。第一杯叫作敬客茶,第二杯叫作续水茶,第三杯则叫作送客茶。如果一再劝人用茶而无话可讲,则往往意味着提醒来宾"应该打道回府了"。有鉴于此,在以茶招待较为守旧的老年人或外籍华人时,切勿再三为之斟茶。

图 4-19 为客人斟茶

(六)陪客人交谈

客人落座,奉敬烟茶糖果之后,应及时与之交谈,话题可依实际而定,一般来说应该谈一些客人熟悉的事情。

若暂时无法奉陪客人交谈,可安排身份相当者代陪或提供报纸杂志、打开电视供客人消遣,切不可把客人晾在一旁。

二、注重送客礼仪

当客人准备告辞时,主人应婉言相留,客人要走,应等其起身后,主人再起身相送,家人也应微笑起立,亲切告别。若客人来时带有礼物,应再次提及对礼物的感谢或回赠礼物,并不忘提醒客人是否有东西遗忘;送客一定要等到客人远离了再回屋关门,否则不礼貌,如图 4-20 所示。

图 4-20 客人离去挥手道别

第四章 社交礼仪

> 知识拓展

部分少数民族待客礼仪简介

一、藏族待客礼仪

献"哈达"是藏族人民最普遍的一种礼节，是向对方表达自己的纯洁、诚心、忠诚和尊敬。

献"哈达"的动作因人而异，一般来说，要用双手捧哈达，高举与肩平，然后平伸向前，弯腰献给对方，这时，哈达正与头顶平，表示对对方的尊敬和最大的祝福——吉祥如意。对方以恭敬的姿态用双手平接。对尊者、长辈献哈达时要双手高举过头，身体略向前倾，将哈达捧到座前；对平辈或下属献哈达，则可以系在他们的颈上，如图4-21所示。

图 4-21 藏族人民献哈达

二、回族待客礼仪

当家里来了客人，主人会立即起身相迎让座，献上香茶。当男主人与客人愉快地交谈时，女主人则会到厨房准备丰盛的饭菜款待客人。就餐前，要先洗手。入席时，让年长者入坐上席。上饭菜之前，主人首先要上盖碗茶。倒茶水时要当着客人的面将碗盖揭开，然后盛水加盖，双手捧递。这样做，一方面表示这盅茶不是别人喝过的残茶，另一方面表示对客人的尊敬。客人要双手接茶盅。当客人道别时，主人总是满脸笑容，并一再挽留，一直将客人送出自家大门。

三、苗族待客礼仪

敬牛角酒是中国苗族的待客之礼。凡有宾客，主人即以自酿米酒斟满牛角，双手捧着相敬。如果来者是贵客，主人则会持酒捧案于路口迎候，主人双手将牛角敬奉贵宾唇边，客人若善饮酒，须双手相接，将酒饮尽。敬酒后主人将几根筷子捆成一束，蘸上朱红，在客人额上点红印，表示为客人祝福之意。送客之礼与此同。此礼流行于贵州一带，至今犹盛行不衰，如图4-22所示。

图4-22 贵州苗族的迎客酒

——以上知识来源于作者亲身体验

思考与练习

1. 自己在电话(邮件)礼仪上是否有做得不到位的地方？应该如何改进？
2. 为什么不能用左手与他人握手或递名片？
3. 握手都有哪些禁忌？
4. 称呼都有哪些礼仪？
5. 与人交谈时应该注意哪些问题？
6. 拜见或拜访他人都应该注意哪些细节？
7. 练习在求职面试过程中会使用到的15°致意和30°致意。
8. 练习握手和递(接)名片。
9. 练习自我介绍或介绍他人。
10. 练习见面时的称呼、问候与交谈礼仪。
11. 练习同学间的拜访与来访接待。

第五章　日常接待(服务)礼仪

学习目标

掌握日常接待与服务礼仪。

学习任务

掌握日常接待与服务礼仪，学会标准引领手位；熟悉不同环境下的引领礼仪与开、关门礼仪实操；掌握端、拿、倒、续、递、接礼仪实操。

中华民族素有礼仪之邦的美誉，自古以来中华民族就很讲究待人接物的礼仪，古代《仪礼》一书中就有关于客人来访主人应该如何引领、如何待客的具体实操讲解。如今，随着人们对外交往的增多，更少不了对接待(服务)礼仪的学习。

本章主要针对日常接待包括接待中的服务(如端、拿、递、倒等)所要掌握的基本礼仪和基本技巧进行详细实操讲解，以满足实际应用的需要。

第一节　标准引领手位

一、引领的意义

通过人或交通工具在来访者个人或队伍之前引导，一方面可表现出对被引导者的尊重，另一方面也可减少因无人引导带来的不便。

大多时候，引领由接待人员担任。

二、标准引领手位的意义

手势是一种肢体语言，在接待过程中具有重要作用，它可以提醒注意，肯定方向，增强感染力。标准、大方、恰当的引领手位为来宾指出肯定、明确的前行方向和给出重要提醒，同时也展现出引导者的优美文雅。

到目前为止，标准引领手位是在各种接待场合中应用最普遍的礼仪。常用的标准引领手位有向左、向右、左下、右下、左斜上、右斜上6种。

三、标准引领手位实操

(一)一位手

"一位手"是引领者位于来宾右前侧时使用的向前行进或需要改变行进方向前的礼貌提示及方向指引。

第一步，两脚下采用"V字步"(行进中可以两脚分开10厘米以内)。

第二步，左手放于小腹前(行进中左手自然下垂)。

第三步，右手从小腹前抬起(行进中右手从身体右侧抬起)，以肘为轴轻缓地向身体右侧摆出，小臂与身体正面成60°左右夹角。

第四步，肘关节自然弯曲，大臂与小臂成90°左右夹角，小臂与地面平行。

第五步，右手掌自然伸直，五指并拢，右手心在垂直于地面的基础上向上翻45°。

第六步，手腕伸直，使手与小臂成直线。

第七步，身体稍微向前倾。

第八步，面带微笑。

第九步，目光由来宾转向右手所指方向。

第十步，礼貌语言为"您这边请"，如图5-1所示。

一位手.mp4

图5-1 "一位手"

(二)二位手

"二位手"是引领者位于来宾左前侧时使用的向前行进或需要改变行进方向前的礼貌提示及方向指引。

第一步，脚下采用"V字步"(行进中可以两脚分开10厘米以内)。

第五章 日常接待(服务)礼仪

第二步，左手放于小腹前(行进中左手自然下垂)。

第三步，右手从小腹前抬起(行进中右手从身体右侧抬起)，以肘为轴轻缓地向身体左侧摆出，小臂与身体正面平行，距离身体 10 厘米左右。

第四步，肘关节自然弯曲，大臂与小臂成 90°左右夹角，小臂与地面平行。

第五步，右手掌自然伸直，五指并拢，右手心在垂直于地面的基础上向上翻 45°。

第六步，手腕伸直，使手与小臂成直线。

第七步，身体稍微向前倾。

第八步，面带微笑。

第九步，目光由来宾转向右手所指方向。

第十步，礼貌语言为"您这边请"，如图 5-2 所示。

二位手.mp4

图 5-2 "二位手"

(三)三位手

"三手位"是引领者位于来宾右前侧，来宾落座前或需要走楼梯下行以及脚下有障碍物时的礼貌提示及手势指引。

第一步，脚下采用"V 字步"(行进中可以两脚分开 10 厘米以内)。

第二步，左手放于小腹前(行进中左手自然下垂)。

第三步，右手从小腹前伸出(行进中右手从身体右侧抬起)，以肘为轴轻缓地向身体右下侧自然摆出，与身体正面成 60°左右夹角。

第四步，肘关节自然弯曲，大臂与小臂向下成 135°左右夹角。

第五步，右手掌自然伸直，五指并拢，右手心在垂直于地面的基础上向上翻 45°。

第六步，手腕伸直，使手与小臂成直线。

第七步，身体稍微向前倾。

第八步，面带微笑。

第九步，目光由来宾转向右手所指方向。

第十步，礼貌语言为"请您注意脚下，慢点""您请这边坐"，如图 5-3 所示。

三位手.mp4

图 5-3 "三位手"

(四)四位手

"四位手"是引领者位于来宾左前侧，来宾落座前或需要走楼梯下行以及脚下有障碍物时的礼貌提示及手势指引。

第一步，脚下采用"V 字步"(行进中可以两脚分开 10 厘米以内)。

第二步，左手放于小腹前(行进中左手自然下垂)。

第三步，右手从小腹前向身体左侧伸出(行进中右手从身体右侧抬起)，以肘为轴轻缓地向左斜下方摆出，小臂与身体正面平行，距离身体约 10 厘米。

第四步，肘关节自然弯曲，大臂与小臂向下成 135°左右夹角。

第五步，右手掌自然伸直，五指并拢，右手心在垂直于地面的基础上向上翻 45°。

第六步，手腕伸直，使手与小臂成直线。

第七步，身体稍微向前倾。

第八步，面带微笑。

第九步，目光由来宾转向右手所指方向。

第十天，礼貌语言为"请您从这边下楼""您请坐"，如图 5-4 所示。

四位手.mp4

图 5-4 "四位手"

第五章　日常接待(服务)礼仪

(五)五位手

"五位手"是引领者位于来宾右前侧，来宾需要走楼梯上行或头上方有障碍物时的礼貌提示及手势指引。

第一步，脚下采用"V字步"(行进中可以两脚分开10厘米以内)。

第二步，左手放于小腹前(行进中左手自然下垂)。

第三步，右手从小腹前抬起(行进中右手从身体右侧抬起)，以肘为轴轻缓地向右侧上方摆出，大臂与身体正面成60°～70°夹角。

第四步，肘关节自然弯曲，大臂与小臂成90°左右夹角。

第五步，右手掌自然伸直，五指并拢，右手心在垂直于地面的基础上向上翻45°。

第六步，手腕伸直，使手与小臂成直线。

第七步，身体稍微向前倾。

第八步，面带微笑。

第九步，目光由来宾转向右手所指方向。

第十步，礼貌语言为"请您从这边上楼""请注意头顶上方"，如图5-5所示。

图5-5　"五位手"

五位手.mp4

(六)六位手

"六位手"是引领者位于来宾左前侧，来宾需要走楼梯上行或头上方有障碍物的礼貌提示及手势指引。

第一步，脚下采用"V字步"(行进中可以两脚分开10厘米以内)。

第二步，左手放于小腹前(行进中左手自然下垂)。

第三步，右手从小腹前抬起(行进中右手从身体右侧抬起)，以肘关节为轴轻缓地向左斜上方摆出，大臂与身体正面成60°左右夹角，小臂与身体正面平行，相距身体约10厘米。

第四步，肘关节自然弯曲，大臂与小臂成90°左右夹角。

第五步，右手掌自然伸直，五指并拢，右手心在垂直于地面的基础上向上翻45°。

第六步，手腕伸直，使手与小臂成直线。

第七步，身体稍微向前倾。

第八步，面带微笑。

第九步，目光由来宾转向右手所指方向。

第十步，礼貌语言为"请您走这边上楼""请注意头顶上方"，如图5-6所示。

图 5-6 "六位手"

六位手.mp4

四、引领手位注意事项

(一)引领动作优美

要让引领动作柔美、流畅，就应当做到引领手势欲上先下、欲左先右，避免僵硬死板缺乏美感。

(二)眼神表情

引领要配合眼神、表情。面带微笑，目光从引领对象移向手指引的方向，使手势更显协调大方规范，同时，也显得主人更加热情。

(三)讲究手姿

引领时应五指并拢，拇指紧靠食指最下面的关节，保持手姿优美，如图5-7所示。

图 5-7 眼神与手姿

五、引领手位禁忌

一忌用左手引领，因为一些国家(比如印度等)认为左手不洁。

二忌指引方向时用"一指禅"，这样很不礼貌。

知识拓展

认为左手不洁与宗教信仰有关

印度文明是世界上现存的最古老的宗教文明之一。在印度几乎人人都知道"修行"二字。印度吃素的人也比其他国家多很多。释迦牟尼曾说过：睡觉朝右侧属佛，平卧属阿修罗，朝左侧属魔。真正的修行人都明白，右面属于正面佛的方向，就是打坐中的境界也分左与右。左面属于否定的魔的方向。印度人认为左手不洁就来自他们的宗教文化。

在印度和中东的一些国家，吃饭、接拿食品、握手等只能用右手，不能用左手，因为左手是用来洗澡、上厕所的，被认为是不洁净的，用它来接拿食品、参与社交活动是对人的不敬。

第二节　接待礼仪

接待是交流思想、沟通感情的桥梁，是在活动中协调人际关系和公共关系的润滑剂。古人说："其交也以道，其接也以礼。"接待本质上是一种礼宾活动，表现为一定的接待仪式、礼节、规格和标准。接待礼仪贯穿在整个迎送、会见、宴请等活动的设计以及食宿、用车等具体事务活动和安排中，它体现组织的交际姿态和形象，是来宾感受和体验人与人之间关系之美的媒介。接待是文化的体现，也是管理的体现。

一、接待的意义

接待是社交活动的重要手段之一。通过较高礼仪标准的接待，既可以在来宾面前树立接待单位的良好形象，也能充分展示接待者的个人素质。

二、接待引导的礼仪

"有朋自远方来，不亦乐乎！"作为接待引导人员(主人)应该衣着整齐、妆容清新、面带微笑、精神饱满地出迎。

(一)不同场合的引领礼仪

接待活动中少不了引导来宾行进，陪同来宾参观或开展其他活动，因此，除了引领手位之外，还有许多方面的礼仪需要掌握。

1. 道路行进引领礼仪

1) 道路行进引领礼仪原则

讲究位序，尊重为上，安全第一，因势利导。

2) 道路行进中引领人员位序

接待过程中，引导和陪同来宾行进在道路上时，引领人员必须保持位序不错，始终领先队伍2~3步带路，站立时引领人员主动退后，防止突出自己。

3) 其他陪同来宾人员的行进(站立)位序

除了引领人员之外的接待陪同人员必须了解陪同来宾的行进(站立)位序，才能确保不失礼。行进(站立)位序遵循以下礼仪原则。

第一，尊者居前。多人纵向行进或站立，位序最高的人走在最前面或站立在最前面。陪同人员及秘书应走在尊者和主陪人员身后两步左右距离，以能听清尊者说话为宜，如图5-8所示。

图5-8　两人以上纵向行进，尊者居前

第二，以右为尊。宾主双方并排行进或站立时，应遵循以右为尊的原则，即主陪人员注意保持来宾始终位于自己的右侧，如图5-9所示。

第三，居中为尊。多人并排向前或站立，以中间位序最高，其左侧位序次之，其右侧位序更次，如图5-10所示。主陪人员要主动处在来宾的左侧。

第四，安全第一。在公路环境或外开走廊环境中，请来宾行走于道路内侧，陪同人员则行走于道路外侧，确保来宾安全。

第五，避免不雅。女性陪同人员在任何场合都要注意防止走光。

2. 走廊引领礼仪

(1) 走廊里，引领人员应走在来宾的左(或右)前方，距离宾客2~3步远，配合步调，不能走得太快或太慢，在引领时要频频回头观望，确定来宾能跟得上，照顾好来宾。

(2) 接近拐弯处，应走在来宾前方数步的位置，用标准引领手位示意方向，同时礼貌地说"请这边走",如图 5-11 所示。

图 5-9　两人并行,以右为尊

图 5-10　尊者居中

图 5-11　走廊引导礼仪

3. 楼梯引领礼仪

（1）遵循"安全第一"原则。引导来宾走楼梯时，来宾应走内侧，接待人员应走外侧。

（2）遵循"避免不雅"原则。穿裙装的引领者，在上楼梯时要走在最后面，下楼梯时则走在最前面，以防止走光。

4. 进出会客室引领礼仪

（1）引领来宾进出会客室，接待人员(主人)应主动为来宾开门或关门。

（2）当来宾走入会客厅时，接待人员需用标准引领手位指示，引领客人坐下，待来宾坐定，行15°致意礼后离开。如果来宾不慎错坐下座，应请其改坐上座。

(二)引领注意事项

（1）注意引领位序。

（2）注意观察，防止意外。

（3）手势文雅，提醒及时，如"请您这边走"或"请注意下楼梯"等。

（4）楼梯引领距离为一两个台阶，不要离得太远，同时，要提醒来宾"小心台阶"，如图5-12所示。

图5-12 楼梯引领不宜过远

（5）帮助他人需获得允许。引领的客人若为老人或特殊人士，搀扶或帮助前一定要得到客人的允许。

(三)引领禁忌

一忌一边引导来宾一边东张西望，心不在焉。

二忌引领过程中面无表情。

三忌不进行相应的语言提示。

四忌对引导的路线不熟悉。

三、乘车位序礼仪

不论是接待还是日常生活、工作，我们经常会遇到关于乘车方面的问题：上级来了、朋友来了到车跟前去迎接，不知道该帮助哪个位置上的人打开车门；客人走时去送，不清楚该为他打开哪道车门；自己作为引领人员也不知道该坐在哪个座位上，因此，了解乘车位序礼仪很重要。

(一)决定乘车位序的因素及位序礼仪原则

乘车位序主要取决于以下四个因素。
(1) 车辆驾驶人。是主人，还是专职司机。
(2) 车辆类型。
(3) 座次的安全系数。
(4) 嘉宾本人的意愿(即嘉宾坐在哪里，应认定哪里是上座)。

乘车位序礼仪原则归结起来很简单，就是"四个为尊，五个为上"。
"四个为尊"：客人为尊、长者为尊、领导为尊、女士为尊，此四类人为上座。
"五个为上"：方便为上、安全为上、舒适为上、尊重为上、免打扰为上。
其中，"尊重为上"原则最重要。

(二)不同车辆位序

1. 小轿车

有专职司机的轿车，座次位序为：后排右座为上座；后排左座次之；前排右座(副驾驶)为末位，如图5-13所示(遵循安全为上、方便为上原则)。

图 5-13 有专职驾驶员的乘车位序

若主人或领导亲自驾车时，副驾驶为上座，其次是后排右座，后排左座为末座，如图5-14所示(遵循尊重主人，方便交流原则)。

2. 吉普车

吉普车无论是主人驾驶还是有专职驾驶员，都以前排坐为尊，后排右座次之，后排左座为末席，如图5-15所示(遵循方便为上、舒适为上原则)。

图 5-14　主人驾驶的乘车位序

图 5-15　吉普车位序

3. 七座车

七座车司机后排为尊，由前向后，由左而右排列，末座为副驾驶位。也就是说，司机后排靠左的位子为主座；后排右座次之；最后一排左坐为第三位序；最后排右坐为第四位序；最后排中间为第五位序；而前排右座(副驾驶)为末位，如图 5-16 所示(遵循安全为上、舒适为上、免打扰为上原则)。

图 5-16　七座车位序

4. 中巴、大巴车

中巴、大巴车中间是过道，座次原则是离门近者为上座。离前门越近，座次越高；而在同一排座位上，则讲究"右高左低"。可以归纳为：由前而后，自右而左。也就是说，司机后排靠门的位子是主座，司机后排中间位置是主陪人员或引领人员的座位，如图 5-17 所示(遵循方便为上、舒适为上、免打扰为上原则)。

图 5-17　中巴、大巴位序

在了解了乘车位序礼仪之后，来宾车辆到达时就应该先接后排右座的客人；送客人时应先为客人打开后排右座车门；引导人员乘车则自觉坐到相应的末座。

(三)上下车位序

上下车的礼仪原则：方便领导和客人，突出领导和客人。

一般情况下上下车。位序高的人应先上车，位序低的人或接待人员后上车；下车时，位序低的人或接待人员先下车，位序高的人后下车。

特殊情况下上车。如果多人同乘一辆车，年轻人要主动先上车坐到后排；多人乘多辆车，其他位序较低的也应主动上到各自的车内等候，只需留下一位与领导同车人员陪同领导道别即可，如图 5-18 所示。

图 5-18　告别

特殊情况下下车。如果陪领导出席重要的欢迎仪式，到达时对方已经做好迎接准备，这时候一定是领导先下车与前来迎接的人见面，仪式结束之后陪同人员再下车，以避免抢镜头与出风头。

(四)注意事项

(1) 有的来宾乘车，长期习惯于坐在某个位置，应当尊重他的选择，千万不要去提醒客人"领导您坐错位置了，应该坐这里"。

(2) 作为领导随员或接待人员，要主动为领导开、关车门。

(3) 位序较低者也应主动为位序高的人开、关车门。

(4) 开关车门要注意以下事项。

- 开启车门：先轻敲车窗两下，以便车内的人做好准备，身体离开车门；左手打开车门并拉住车门边缘后退，使车门开到最大，方便上下；右手置于车门侧(上)方，五指并拢，提示防止碰头。

- 关车门：面向车门，观察车内人员的身体是否全部进入车内，防止夹伤，确认无误后，左手以适中的力量推动车门关闭，如图5-19所示。

(a) 开车门下车　　　　　　　　　　(b) 开车门上车

图5-19　开车门

(五)开关车门禁忌

一忌突然打开车门。

二忌关车门时背对车门。

三忌关车门时用力过猛。

第三节　电梯礼仪

随着现代化进程的加速，人们的生活越来越轻松，大多数楼房都有电梯，乘坐电梯的礼仪和安全也备受人们关注。下面就来学习如何乘坐电梯才既安全又符合礼仪规范。

一、乘坐电梯礼仪

(一)遵循"先出后入"礼仪原则

乘坐电梯应遵循"先出后入"礼仪原则。等待电梯时,切勿站在电梯门口,以免妨碍电梯内的人走出,如图5-20所示。

图5-20 乘电梯讲究"先出后入"

(二)遵循"依序进出,不争不抢"礼仪原则

应遵循先来后到、女士优先、尊者优先和老弱病残优先的原则,有序地进出电梯。

(三)遵循"尊者居内"礼仪原则

电梯中,越靠近电梯内侧,位置越尊贵,这些位置受到的打扰较少,因此,应请位序较高者向内。

(四)遵循"免阻碍"礼仪原则

进入电梯,不可站在近轿厢门处,以免影响他人进出,也不要用自己的身体挡住电梯按钮,以免影响他人操作。

(五)遵循"免异味"礼仪原则

切勿带未经妥善包装的有异味的物品进入电梯或在食用大蒜一类刺激性食物后乘坐电梯。

(六)遵循"免污染"礼仪原则

带易污染电梯或易污染他人衣物的东西乘电梯前,应提前包裹好,如图5-21所示。

(七)遵循"免尴尬"礼仪原则

电梯室空间狭小,人们近距离接触,因此在电梯内应尽量面朝门的方向站立或侧身面对他人,以免发生尴尬。

图 5-21　注意别污染空间

(八)遵循"按键等待"礼仪原则

学会按住开门键，等待即将快步到达者。

(九)遵循"帮助他人"礼仪原则

若他人离楼层按钮太远而无法操作，应主动帮助其操作。自己若受到他人帮助应及时道谢。

(十)遵循"文明乘梯"礼仪原则

电梯内应尽量避免交谈，不要大声讲话，以免影响他人；绝不吸烟，避免过度使用香水，以免污染空间；电梯内也不可乱丢垃圾，如图 5-22 所示。

图 5-22　乘坐电梯时应约束自己

(十一)遵循"位低者操作"礼仪原则

同乘电梯，一般位序较低的如晚辈、下属、男士，应主动站在电梯按键处操作电梯按钮，如图 5-23 所示。

第五章　日常接待(服务)礼仪

图 5-23　位序低者操作电梯按钮

二、电梯引领礼仪

陪伴客人来到电梯门前时，首先，应关注电梯是否有人值守，然后确定引领方式。无人值守电梯一般采用"先进后出"引领方式，有人值守电梯一般采用"后进先出"引领方式。

(一)无人值守电梯引领礼仪

(1) 根据需要到达的楼层，引领人员要主动选择上下行键，如图 5-24 所示。

无人值守电梯礼仪.mp4

图 5-24　电梯引领

(2) "先进后出"引领。轿厢到达，门打开后引领者应先行进入电梯，一手按住"开门"键，另一只手做出引领进入电梯手位，并礼貌地说"请进"，请客人进入电梯轿厢，如图 5-25 所示。

(3) 选择所要到达的楼层按钮。

(4) 若电梯行进过程中有其他人员进入，应主动询问他要去往哪个楼层，并帮忙按下选择键。

(5) 到达楼层后，引领者应一只手按住"开门"键，另一只手向电梯外指引，并伴随

125

礼貌语言"到了,您先请",请客人先出电梯。

(6) 待客人全部走出电梯后,再迅速地走出电梯为客人引导。

图 5-25　正确的无人值守电梯引领

(二)有人值守电梯引领礼仪

(1) 根据需要到达的楼层选择电梯上下楼按钮。

(2) 轿厢到达,门打开时引领者站立在电梯门外的左侧,伸手做出引领进入电梯手位,礼貌地说"请进",请客人进入电梯轿厢。

有人值守电梯礼仪.mp4

(3) 请电梯值守人员帮忙按下要去往楼层的选择键。

(4) 到达楼层后,引领者先走出电梯,伸手做出向电梯外指引手势,并伴随礼貌语言"到了,您请",请客人走出电梯。

(5) 待客人全部走出电梯后,再为客人引导。

(三)电梯引领禁忌

(1) 在电梯门前礼让。

(2) 站在电梯门中间或手扶电梯门等待,如图 5-26 所示。

(a)

(b)

图 5-26　错误的引领方法

三、乘电梯注意事项

近年来,电梯事故频发,而且每一次都是重大事故,因此,了解乘坐电梯的注意事项是避免电梯安全事故最积极最有效的办法。

(一)切勿倚靠电梯门

电梯有两层门,一层是楼层门,另一层是轿厢门,若遇故障,很可能门会自动开启,因此,不论是等待电梯还是乘坐电梯,都绝对不能倚靠电梯门,如图5-27所示。

图5-27 倚靠电梯门易发生危险

(二)不盲目走进电梯

电梯门开了,不要急于迈步,要看清楚轿厢是否已经到达。

(三)切勿企图阻挡电梯关门

当电梯关门时,不要企图扒门或强行挤入,扒门或强行挤入是很危险的。

(四)电梯超载很危险

当电梯超载铃声响起时,千万不要心存侥幸,不肯退出,超载有可能会造成电梯下坠,是非常危险的,如图5-28所示。

图5-28 电梯超载易发生危险

(五)电梯故障

遇到电梯故障时应拨打轿厢内张贴的求救电话，或在有人经过时拍打电梯门呼救，并耐心等待有关技术人员前来解救，切不可冒险攀爬。

四、电梯安全禁忌

"电梯安全四禁止"对我们每个人来说都很重要，请务必牢记，如图5-29所示。

(a)   (b)   (c)   (d)

图5-29 电梯安全四禁止

因为跳跃产生的冲击力有可能造成电梯下坠；超载有可能造成电梯下坠；乱摁按钮有可能导致电梯失控，或中途停运；用手拦门有可能导致电梯门夹手或其他更为严重的事故。

五、乘自动扶梯礼仪

使用自动扶梯也要讲礼仪，其原则是：靠一侧、手扶、梯口勿滞留。

(一)列队式乘坐

使用自动扶梯应按前后列队的方式乘坐并握紧扶手。

(二)注意保持距离

要与前面的人保持不低于两个梯位的距离，以免出扶梯时拥挤摔倒。

(三)请靠一侧乘梯

不论是上楼还是下楼，都应靠一侧站立，空出另一侧通道，以便有急事的人通行，如图5-30所示。

(四)学会致谢

在自动扶梯上如需从别人的侧面急行通过，应向给自己让行的人致谢。

(五)照顾老幼

应主动照顾同行的老人与小孩踏上扶梯，防止他们跌倒。带着小孩乘扶梯的正确方式如图 5-31 所示。

图 5-30 自动扶梯请靠右侧站立

图 5-31 带着小孩乘扶梯的正确方式

(六)扶梯引导

有接待活动时，不论是上楼还是下楼，引导人员都应走在前面，这样做可方便在到达楼层后迎接并引导客人。

知识拓展

一、国外乘电梯的好习惯

(一)日本

在日本，电梯分"上座"和"下座"。"上座"是在电梯按钮一侧最靠后的位置，其次是这个位置的旁边，再次是这个位置的斜前方，最差的"下座"就是挨着操作按钮的位置，因为这个位置的人要按楼层的按钮，相当于"司机"。大家一般会把"上座"让给领导或老人，年轻人进入电梯后，则会主动站在"下座"的位置。

(二)美国

美国人进入电梯后习惯按住"开门"键等人，直到确认无人进入电梯才会松开，没有人会去按"关门键"，因为在他们看来，一进电梯就按"关门"键的人粗鲁、刻薄。

二、电梯下坠时怎么办

当电梯下坠，面临生死一线时，乘梯者所做的每一个动作都很关键。

电梯下坠时保护自己的最佳动作如下。

第一，(不论有几层楼)立即将每一楼层按键都按下。

第二，如果电梯内有扶手，应一只手紧握扶手，如图 5-32 所示。

第三，如无扶手，则应将整个背部紧贴电梯内墙，双手抱颈，使脊柱呈一条直线，如图 5-33 所示。

第四，膝盖呈弯曲姿势，脚尖着地，脚跟提起。

动作说明：

第一，当紧急电源启动时，电梯可以马上停止下坠。

第二，固定人体的位置，减少因重心不稳而摔伤的可能。

第三，运用电梯墙壁为脊椎作防护，减轻对脊柱的伤害。

第四，最重要的是，借用膝盖弯曲来减轻冲击力带来的伤害。

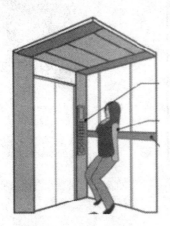
图 5-32　一只手紧握扶手

图 5-33　双手抱颈

三、被困电梯怎么办

被困电梯后，最重要的是在最短的时间内与外界取得联系，寻求救援。

如果被困电梯内，请务必做到以下几点。

第一，被困之后，立即按下电梯内部的紧急呼叫按钮，这个按钮会和值班室或者监控中心连接，如果呼叫有回应，你要做的就是等待救援。

第二，如果你的报警没有引起值班人员的注意或者呼叫按钮已失灵，最好用手机拨打电梯壁上公布的报警电话求援。

第三，如果恰好手机没电，或者手机在电梯内没有信号，要保持镇静，因为电梯都安装有安全防坠装置。这个时候请务必镇静，保持体力，等待救援。

第四，在稳定情绪之后，观察电梯内设施，如果电梯轿厢的地面是铺有地毯的，就把地毯卷起来，将底部的通风口暴露出来，达到最好的通风效果。

第五，如果听到外面有响声，请用坚硬的鞋底间歇性地拍打电梯门，或等待救援人员的到来。在救援者尚未到来期间，冷静观察，耐心等待，不要乱了方寸。

第六，切勿尝试自己从里面打开电梯，这是消防人员极力反对的一种自救方式。因为电梯在出现故障时，门有时会失灵，电梯可能会异常启动。如果强行扒门容易造成人身伤害。另外，被关在里面的人因为不了解电梯停运时身处的楼层位置，盲目地扒开电梯门，也有坠入电梯井的危险。

第四节　端 的 礼 仪

端，属于动态礼仪，在日常接待服务、大型颁奖活动、各种社交活动中必不可少。如何通过"端"这个看似简单的动作表现出尊重，就必须通过学习和训练达到端姿优雅、动

第五章 日常接待(服务)礼仪

作标准、大方稳定的礼仪要求。

一、端的礼仪要求与实际操作

端的礼仪.mp4

(一)端的礼仪要求

(1) 双手掌心向上，横握住物品后部 1/2 处。

(2) 双臂弯曲，平托于胸前，略低于胸部。

(3) "端"应遵照正、挺、缓、优雅、轻盈的原则，端得正，行走身姿挺拔，动作轻缓、优雅，脚步轻盈。

(二)端的礼仪实操

第一步，保持身体直立，目光平视，面带微笑。

第二步，双手掌心向上，以四指并拢托住物品，拇指张开压在物体外缘，横握住物品靠近身体部位的 1/2 处，如图 5-34 所示。

第三步，双手小臂向腰部以上弯曲，并保持大臂与小臂之间成 90°夹角。

第四步，双手平端物品，保持物品距离身体 10 厘米左右。

图 5-34 正确端姿

(三)端物行走

(1) 保持头正、肩平、上身挺直。

(2) 面带微笑，注视前方。

(3) 脚步轻缓，动作敏捷，步伐轻盈自如。

(4) 端物姿态自然美观、动作高雅，如图 5-35 所示。

(四)端物放下

第一步，选择好放置位置。

第二步，上身向前倾斜，将物品保持水平，平稳放置，如图 5-36 所示。

图 5-35　小件物品正确端姿

图 5-36　放下所端物品的正确方式

(五)端物转身

第一步，注意观察，保持上身直立，保持双手端物。

第二步，右腿迈出的同时左脚前掌支撑身体右转，注意保持端物平稳，如图 5-37 所示。

图 5-37　端物转身要注意保持平稳

二、端的注意事项

(一)手部清洁

端物品之前一定要洗手，保持手部的清洁卫生。

(二)讲究卫生

端物品时，不要边走边说话，以防唾沫溅到物品上，令他人不快。

(三)注意观察

端物品行走时，注意观察周围人的动态，防止碰撞他人或被他人碰撞。

(四)礼让他人

端着物品，如有人从前面走来，或从旁边走过，应尽量主动侧身让他人先过。

三、端的禁忌

一忌拇指扣入盘(杯)中。

二忌端着物品突然转身，碰倒所端的物品。

三忌端物品的高度超过座位上人的肩部，引起他人不安。

第五节　拿 的 礼 仪

"拿"属动态礼仪。"拿"是日常生活中最少不了的动作，也常在接待、服务、工作中使用。"拿"要求动作优雅、富有美感。

一、"拿"的释义

"拿"意为用手取，握在手里。

拿的礼仪.mp4

二、"拿"的礼仪要求

拿物品应遵循"轻、缓、慢、优雅、从容、不卑不亢"的礼仪原则，保持动作轻缓，轻拿、轻取、轻放。

"拿"要讲究手位，不同的物品，拿的手位不同，如图 5-38 所示。"拿"还要讲究手部卫生和所拿物品的卫生。

图 5-38　"拿"的手位

三、"拿"的礼仪实操

(一)拿玻璃杯等无柄杯子

玻璃杯等无柄杯子时，以左手无名指和小指托住杯底，其余三个手指合拢拿住杯身的下部 1/3 处，如图 5-39 所示。

图 5-39　拿无柄杯子的正确手姿

(二)拿饮料瓶、酒瓶等

拿饮料瓶、酒瓶等，右手四指并拢，拇指张开，合拢拿住瓶子下 1/3 处，如图 5-40 所示。

图 5-40　拿酒瓶的正确手姿

(三)拿带柄茶杯、茶壶

拿带柄茶杯、茶壶时，一只手拇指、食指、中指合拿其柄、把处，另一只手以除拇指之外的四个手指垫在杯底，如图 5-41 所示。

图 5-41　拿有柄杯子的正确手姿

(四)拿碗碟等

拿碗碟时，双手或一只手拿住其下 1/2 处。

(五)拿高脚酒杯

拿高脚酒杯时，拿杯脚部分，手不得碰到杯体，如图 5-42 所示。

图 5-42　拿高脚杯的正确手姿

(六)拿书本、材料、文件夹

拿书本、材料、文件夹时，一只手握住书本、材料、文件夹下 1/2 部分，上部靠于胸前，如图 5-43 所示。

图 5-43　拿文本的手姿

四、拿的注意事项

(一)轻拿、轻放

动作轻缓，轻拿轻放，对易碎物品更要注意。

(二)避免碰撞

拿着东西行走或转身时要注意观察，要先看再转，以免碰撞他人身体或物体。

五、拿的禁忌

一忌拿餐具、杯碟等物品时，手直接接触入口部位。
二忌采取一把抓住的方法拿物品。
三忌重拿、重放，动静很大。
四忌用脏手拿东西。

第六节　倒、续的礼仪

"倒"和"续"均属动态礼仪，在日常生活以及接待、会议中经常用到。"倒""续"时要求动作准确、优雅、富有美感。

一、倒、续的礼仪要求

"倒""续"都要遵循"慢、准、优雅、轻盈"的礼仪原则，即缓慢倒，不洒、不溢出，动作轻盈、优雅、标准。

二、"倒"的礼仪实操及注意事项

(一)"倒"的礼仪实操

1. 倒茶水的礼仪实操

(1) 站立姿势。
(2) 右(左)手握壶，左(右)手握杯，中指无名指间夹杯盖，为成年人倒茶水，倒至杯子的七成满，如图5-44所示。
(3) 为小朋友倒水，倒至杯子的五成满。
(4) 倒好的茶水应从客人前方或右侧送上。

2. "倒"茶水的注意事项

(1) 无柄杯子应拿杯子的下1/3处，切不可碰到杯口。
(2) 茶水温度高，须提醒客人注意，以免烫伤。

倒的礼仪.mp4

第五章 日常接待(服务)礼仪

图 5-44 倒水的手姿

3. 倒饮品的礼仪实操

(1) 站立姿势。

(2) 右手握饮料,左手握杯,为成年人倒饮料,倒至杯子的七成满,如图 5-45 所示。

(3) 为小朋友倒饮料应倒至杯子的五成满。

(4) 倒带汽的酒或饮料,应将杯子倾斜 45°角。

(5) 倒好饮料应从客人前方或右侧送上。

4. 倒果汁、饮料的注意事项

(1) 开筒前要摇晃均匀,并擦拭筒的顶部。

(2) 开过筒的果汁保存时间不宜过长。

(3) 带汽的饮料打开前不要摇晃,瓶盖要慢慢拧开,倒完后再盖好。

图 5-45 倒饮料的手姿

5. 倒咖啡的礼仪实操

(1) 将咖啡具放入盘中。杯耳和茶匙的握柄应在同一侧。

(2) 咖啡倒至杯子的七成满。

(3) 咖啡匙应在靠客人一侧，糖和奶包在杯子的另一侧，方便客人自行取用。用双手端杯子下部的盘边，从客人的前方或右方送上，使杯耳朝向客人的右侧，如图 5-46 所示。

图 5-46　咖啡具的放置

(二)"倒"的注意事项

(1) 倒温度较高的茶水时，应避开旁边的人，以免烫伤他人。

(2) 如果在倒的过程中失手，出现滴、洒、翻、倒等现象，应立即礼貌道歉"对不起"。

三、"续"的礼仪实操

(一)"续"的基本要求

身体保持直立，脚步轻盈，左手执壶，走到客人座位前方或右后侧。

(二)座位后方"续"的实操

(1) 右脚向客人座位右侧跨出一步，伸出右手，掌心向上，以中指和无名指夹住杯盖顶部并提起，食指和拇指勾住杯柄，平稳将杯拿出。续水手势如图 5-47 所示。

图 5-47　续水的手姿

座位后方续的实操.mp4

第五章 日常接待(服务)礼仪

(2) 右脚向后撤一步,右转身,身体稍微向前倾,使杯子处于小腹前 20 厘米左右,左手提壶倒水,至杯子七分满。

(3) 左转身,侧身再次向客人右侧跨入一步,右手水平将杯子送到桌上,杯柄保持向右,轻轻盖上杯盖。

(4) 右脚后撤,转身走向第二个续水位。

(三)座位前方"续"的实操

(1) 身体正面朝向客人座位,距离一步左右,伸出左手,掌心向上,以中指和无名指夹住杯盖顶部并提起,食指和拇指勾住杯柄,平稳地将杯拿出。

前方续的礼仪.mp4

(2) 左转身,身体稍微向前倾,使杯子处于小腹前 20 厘米左右,右手提壶倒水,至杯子七分满。

(3) 右转身,左手水平将杯子送到桌上,杯柄保持向右,轻轻地盖上杯盖。

(4) 转身走向第二个续水位。

(四)"续"的注意事项

(1) 续水时,壶口不要朝向他人,以免烫伤。
(2) 动作要轻盈,避免发出响声。

趣味故事

叩手礼(叩桌谢礼)的由来

叩手礼代表古代最隆重的"三跪九叩"之礼。有这样一个典故,当年乾隆皇帝下江南,有一天,路经松江,他带了几个大臣微服来到"醉白池"游玩,见那里有一家茶馆,就坐下来歇歇脚。茶房端上几只茶碗来,随后站在数步远的地方,拎起大铜壶朝碗里倒水。只见一条白链从天而降,水不偏不倚,滴水不洒,均匀地冲进茶碗里。乾隆皇帝看得惊奇,禁不住上前要过铜壶,学着茶房的样子,朝其余几只碗里倒去。大臣们见皇帝给自己倒茶,吓得魂都没了,想跪下叩头,山呼"万岁",又恐暴露了皇帝的身份,招来杀身之祸,情急之下,灵机一动,纷纷屈起手指,"笃笃笃……"不停地在桌上叩击。事后,乾隆皇帝不解地问大臣们:"汝等何故以指叩桌?"大臣们齐声答道:"万岁给臣等倒茶,万不敢当,以手指叩桌,乃代叩头致谢也。"

以"手"代"首",二者同音,这样,"叩首"为"叩手"所代,三个指头弯曲即表示"三跪",指头轻叩九下,表示"九叩首"。

如今在我国许多地方还流行此礼,每当主人斟酒、倒茶之际,客人即以叩手礼表示感谢,如图5-48所示。

叩手礼的具体做法是:弯起食指、中指和无名指,在桌面上轻叩三下,表示感谢。

图 5-48　叩手礼

第七节　递、接的礼仪

递、接是日常工作中不可缺少的动作，递、接动作的标准规范显示动作发出人的礼仪素质和安全意识。

一、递、接的礼仪原则

递、接应遵循"站立姿势，双手递接"的礼仪原则。递、接是通过手来实现的，这个过程要充分体现尊重。因此，递、接物品时要保持站立姿势，同时，应双手递物或接物。

二、递、接的礼仪实操

(一)递的礼仪实操

(1) 将要递送的物品托于双手之上(在特定场合或东西太小不必使用双手时，可单独使用右手)。

(2) 递书本、文件与他人。保持站立姿势，双手拿住文件顶端的两个角，将书本、文件正面朝向他人，并以语言提醒对方，如"这是刚下发的文件，请收好"之类的礼貌语言，在对方有充分心理准备的情况下，手臂自然伸出，不紧不慢地将物品送到对方胸前，如图 5-49 所示。

图 5-49　递文本的手姿

递书本礼仪.mp4

(3) 递送锋利物品。递送锋利物品应把安全的一端递给他人，并提醒"这是剪刀，请

第五章　日常接待(服务)礼仪

接好了"，在确认他人接住后才能松手，如图 5-50 所示。

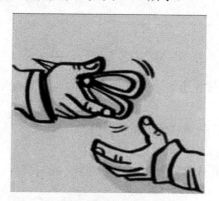

递送尖锐物品礼仪.mp4

图 5-50　递送利器的手姿

(4) 递送易碎物品。保持站立姿势，双手拿物品于胸前，并以语言提醒对方，"这是玻璃杯，请接好了"，在确认对方接稳后方可松手。

(5) 递送物品时应目视对方，面带微笑，身体伴随 15°致意。

温馨提示：递送利器时，也不可把刀尖对着自己，而应横握。

(二)接受物品礼仪实操

(1) 站立姿势，面带微笑，目视对方，身体前倾，恭敬地用双手(或用右手)接住递来的物品，并轻声说"谢谢"。

(2) 接受易碎或锋利物品时，要集中精力，确认自己接住之后，再告知对方"我接住了，谢谢你"。

三、递、接物品注意事项

递送贵重物品，应先以语言提示，如"这花瓶请您接好了，花瓶有点重"，待对方确认说"我接好了，您可以松手了"之后方可松手。

四、递、接物品禁忌

一忌面无表情或坐着不动。

二忌心不在焉地递接物品。

三忌对方没有接住物品就松手。

四忌接过他人物品后漫不经心地随手一扔。

五忌用脏手、湿手递接有特殊含义的物品，如他人的身份证等。

递接物品总结起来就四句话：递物时，双手呈；接人物，双手迎；接平稳，手再松；表谢意，把礼行。

知识拓展

一、递茶饮礼仪实操

(一)双手端杯
左手握杯柄(或左手拿住杯子下 1/3 处)，右手托杯底于胸前。

(二)站立姿势
目视对方，面带微笑，并说"请用茶(饮料)"。

(三)缓慢递出
得到对方确认后，双臂自胸前自然递出，动作不紧不慢。

(四)谨慎松手
先把杯柄递到对方右手，对方接稳并托住杯底后方可放手。

(五)避免烫伤
若茶水较烫，可将杯子放到客人面前的茶几上，如图 5-51 所示。

图 5-51　上茶水

二、接茶饮礼仪实操

(一)起身站立
目光亲切，面带微笑，礼貌自然地伸出双手，接住他人敬上的茶饮。

(二)接有柄茶杯
伸出右手，先接杯柄，再托杯底，接过茶饮后说"谢谢"。

(三)接玻璃(或其他)杯
要同时一手托杯底，一手扶杯体，双手从对方手中接过茶饮，说"谢谢"，如图 5-52 所示。

三、递、接茶饮注意事项

(一)集中精力做事
递、接茶饮时，双方都应集中精力，以防倾斜烫伤。

(二)预防为主
切勿从客人身后递送茶饮，以免客人突然转身碰洒或烫伤。

(三)尊重他人

递送茶饮必须保持手部卫生，尊重他人。

图 5-52　接茶水的手姿

四、递、接茶饮禁忌

一忌面无表情或坐着不动。
二忌心不在焉地递、接茶饮。
三忌对方没有接住杯子就松手。
四忌接受茶饮不及时表达谢意。

第八节　开、关门的礼仪

正确而不失礼数的开、关门不仅可体现个人的良好素质，也可体现单位的管理水平。

一、开、关门的礼仪原则

开、关门应遵循"推门己先入，拉门客先入，尊重为先，安全第一"的礼仪原则。

二、开、关门的礼仪实操

(一)向自己一侧拉开的门

先敲门，慢慢地拉开门后，站立在门旁，目光朝向客人，面带微笑，对客人说"请进"，并伴随相应的引领手位。客人进入房间后，将门轻轻关上。

(二)向外推开的门

敲门后，缓缓推门，自己先进入室内，转身立于门边，目光朝向客人，面带微笑，并伴随相应的引领手位。客人进入房间后，再将门轻轻关闭。

(三)双向开门

采取拉开方式，拉住门把，立于门边，目光朝向客人，面带微笑，请客人先通过。如果男士和女士同行，男士应主动开门并让女士先通过。开门的人一定要手扶门把，防止门弹回碰伤他人，如图 5-53 所示。

(四)旋转式大门

如果陪同客人经过旋转式大门时，引领人员应先通过，站在门的另一边等候，如图 5-54 所示。

图 5-53　开门的手姿

图 5-54　旋转门的引领

三、开、关门注意事项

(一)动作轻缓

一般情况下，无论是进出办公楼还是经过办公室的门，都应用手轻推、轻拉、轻关，态度谦和讲究顺序。乒乒乓乓地关、开门是十分失礼的。

(二)敲门进入

进入他人的房间前一定要先敲门，一般食指弯曲，用指关节有节奏地敲两三下即可，听到"请进"的回复方可进入。

(三)尊者优先

进门讲究"尊者优先"。如果与同级、同辈进门，应互相谦让。

(四)服务他人

走在前边的人打开门后要为后面的人拉住门。假如是不用拉的门，最后进来者应主动关门。

(五)随手关门

离开他人的房间要随手关门。关门时应该侧身将门轻轻关闭。

四、开、关门禁忌

一忌反手带门或背对着屋里的主人关门。
二忌用力关门，声音很大。
三忌一边扭头说话，一边进门或出门。
四忌用脚踢开门、用身体撞开门等不雅动作。

知识拓展

迎宾礼仪古往今来

《仪礼》记载，古人迎宾时，主人立在门右，客人走门左。迎客进门以后，主人要为客人指路，每到拐角，要说"请"；主人要为客人开门、掀帘子……

随着时代的发展，今天，古人迎宾的许多繁文缛节都去掉了，但是，主人开门、关门、引路的礼仪依然盛行，"客后主前"的引领方式也被世界所接受，成了现代迎宾的礼仪精神。

思考与练习

1. 学习日常接待(服务)礼仪的意义是什么？
2. 标准引领手位(1～6手位)练习。
3. 电梯礼仪为什么与电梯安全相联系？
4. 进行端、拿、倒、续、递、接的礼仪练习。练习时要注意手姿的正确与否。
5. 在各种场合练习开、关门礼仪。

第六章　大型活动礼仪

学习目标

掌握大型活动的基本礼仪实操,并能够运用自如。

学习任务

掌握大型活动的基本礼仪,熟悉迎宾礼仪、酒会礼仪、斟酒礼仪、送客礼仪实操,并能够运用自如。

现代人很注重以活动交友。不论单位、学校还是团体都少不了大型活动,就是个人生日、纪念日也少不了组织聚餐、酒会等。在这类活动中如何邀请嘉宾、如何迎送客人都大有学问。因此,学习并掌握大型活动礼仪十分重要。

本章主要介绍大型活动中的迎宾礼仪、出席活动礼仪、活动组织礼仪、送客礼仪等,并对其中的礼仪实操进行重点讲解。

第一节　迎宾礼仪

大型活动讲究迎宾礼仪:一是表示对前来参加活动的嘉宾的尊重,二是体现活动主办方的智慧和素质。

一、迎宾的意义

2008 年北京奥运会,"有朋自远方来,不亦乐乎""四海之内皆兄弟也""己所不欲,勿施于人""德不孤,必有邻""礼之用,和为贵"五句《论语》经典语句入选北京奥运会迎宾语,这就是迎宾核心内容的体现。换言之,迎宾就是一个海纳百川、广交朋友的开始。

二、迎宾礼仪人员的要求

大型活动迎宾礼仪是由迎宾人员来展现的，因此，对迎宾人员有严格要求。

第一，妆容标准、整齐，妆面清新、干净。

第二，服装整洁、完美，熨烫平整。

第三，站姿标准，目光亲切、自信、有神，面带微笑。

第四，站在来宾的左侧迎接，来客有迎声、有致意。

第五，引导客人。引领手位优雅，走姿平稳、从容、直线、自信，语言提示及时、明确，如图6-1所示。

图6-1 大型活动迎宾礼仪

第六，客人离去送行。有挽留——礼貌挽留；有陪同——陪同来宾走到活动区门口；有伸手——与来宾握手道别；有目送——目送来宾远去再转身返回。

三、迎宾注意事项

(一)出迎要主动

不论任何活动，凡负责迎宾的人员，就应当主动出迎，而不能等客人来到自己面前才行动。

(二)动作要轻缓

迎宾是活动成功与否的重要环节，因此，迎宾人员要充分展示素质、热情和尊重。动作过猛或过重会给人不耐烦的感觉，不利于活动的顺利开展和后续交往。

(三)语言热情、礼貌

迎接来宾，迎宾人员见面时要有微笑，要有问候语；行走时要多使用"请"以及关心语言"请注意""请小心"等礼貌用语，以体现热情、尊重和关心。

(四)服务及时、到位

迎宾过程中，客人有需求时，迎宾人员应当及时予以帮助解决，服务要及时、到位。

四、迎宾禁忌

一忌迎宾人员素颜面对来宾。

二忌迎宾人员精力不集中、面无表情、目光无神。

三忌迎宾人员语言、动作不标准。

四忌迎宾人员将客人迎进门后置之不理。

第二节 酒会礼仪

酒会，是一种既经济简便又轻松活泼的招待形式。它起源于欧美。如今，许多单位、社会团体或个人，经常会以酒会的形式举行各种社交活动、纪念活动，联络和增进感情。酒会是便宴的一种形式，不设正餐，只备酒水、点心、菜肴等，多以冷餐为主。

一、酒会的分类

(一)餐前酒会(鸡尾酒会)

鸡尾酒会多开始于下午 6:00 或 6:30，持续约 2 个小时。请帖中应写明时间、地点、酒会类型、时间限制。鸡尾酒会一般不备正餐，只备酒水和点心。

酒品准备。一般鸡尾酒会提供酒精饮料有雪利酒、香槟酒、红葡萄酒和白葡萄酒，也会提供混合葡萄酒以及各种烈性酒、开胃酒、鸡尾酒与不含酒精的饮料，如番茄汁、果汁、可乐、矿泉水、姜汁、牛奶等，如图6-2所示。

图6-2 鸡尾酒会现场(1)

点心和开胃菜。这些食品一般制作精美，味道上乘。常见的食品有蛋糕、三明治和橄榄、烤制小香肠，穿成串儿后再烤的小红肠、面包以及烤肉等，如图6-3所示。

图 6-3　鸡尾酒会现场(2)

如果自己是酒会的主人，则应注意点心或开胃品一定要适合于用手拿着吃，避免给宾客用餐造成不便。

(二)餐后酒会

正餐之后的酒会通常在晚上 9:00 左右开始，一般不严格限定时间的长短，客人可以根据自身情况确定告辞时间。

餐后酒会一般规模较大，常常播放音乐，并准备场地以供来宾跳舞，但这要在请帖中说明。

二、酒会的特点

(一)不必准时

尽管鸡尾酒会和餐后酒会在请帖上会约定固定的时间，但实际上，何时到场可由宾客自己掌握，不一定非要准时到场。

(二)衣着讲究

参加酒会，不必像正式宴请那样穿着正规，而应时尚、得体、魅力四射。

(三)自选菜肴

酒会上就餐多采用自选方式，宾客可根据自己的口味偏好去餐台和酒吧选择自己需要的点心、菜肴和酒水。

(四)不排座次

酒会上，用餐者一般均站立，没有固定的席位和座次，即便设置一些座位也是仅供年长者或疲惫者稍作休息之用。

(五)自由交际

由于不设座位，酒会具有较强的流动性，宾客之间可自由组合，随意交谈，如图 6-4 所示。

图6-4 鸡尾酒会现场(3)

三、酒会的筹备

(一)发出请帖

小型酒会不必制作请帖，口头邀请即可。邀请可在两周之前发出，给客人留出准备的时间。

大型或正式的酒会要制作请帖，并在两周之前发出。通常情况下，主人发出的请帖或口头邀请应多于实际筹划的人数，以免出现空缺现象。

(二)人群密度

成功的酒会应使人群密度适中，过于嘈杂和拥挤是酒会的大忌。

通常情况下，可将举办酒会主厅周围的房间、阳台、花园等利用起来，既可供客人自行使用，又可调节人群密度。

(三)取菜方便

果仁、点心之类的食品应方便持拿，最好将其放在合适的碗或盘中，方便客人取用。

酒水应准备充足，供应及时。还应注意给不饮酒的客人准备无酒精饮料。

四、用餐礼仪

(一)掌握餐序

标准的酒会餐序依次为：开胃菜、汤、点心、甜品、水果。

鸡尾酒可以在餐前或吃毕甜品时喝。

酒会上用餐，切忌大吃大喝，最好做到合理搭配，取食有度。

(二)排队取食

酒会上用餐，无论是餐台取菜、酒吧添酒，还是从侍者的托盘中取酒，都应做到礼貌谦让，遵守秩序，排队按顺时针方向拿取。

取食时，切忌显得急不可待，吆五喝六，或者加塞儿、哄抢。

(三)多次少取

"多次少取"是参加酒会就餐时的一条重要原则，是取食礼仪的关键所在。

取回的食品必须全部吃完。

忌：口红留在酒杯上以及过分贪婪、吃相不雅、铺张浪费。

(四)禁止外带

酒会上一般酒水和食品供应充足，宾客可按自己需要享用，但这只限于在酒会现场，绝对不可"吃不了兜着走"或"顺手牵羊"，将食物和酒水等带走，那样是非常失礼的。

五、交际方式

酒会的交际意义远远大于饮食意义。展示个人魅力，促进社交成功，是酒会的主要目的之一。因此，酒会上交际时也要讲究礼仪原则，以免事与愿违，因自身失礼而造成孤立。

六、告辞

出席鸡尾酒会应按请帖上写明的时间起身告辞。如果接到的是口头邀请，没有说明时间，则应该在酒会进行两个小时后请辞。

餐后酒会的告辞时间应在晚间11:00至午夜之间。

所有酒会(除了最大型的)，客人离开之前都应向主人当面致谢，这是礼貌。倘若因故要早一些告辞，向主人致谢时不能引人注目，以免使其他客人认为他们也该走了。

第三节　斟　酒　礼　仪

斟，往杯盏里倒。斟酒，就是倒酒的意思，不过要比倒酒文雅得多，也正式得多。如今在正式社交场合，多用"斟酒"。

一、斟酒

不论红酒白酒，在斟酒前都必须注意把握开酒时间。

(一)开酒时间

(1) 葡萄酒。应在客人到齐后入座前将酒封打开。

(2) 白酒。应在客人入座后上菜前将酒封打开。

(3) 啤酒及各种汽酒(如香槟酒)。应在客人入座的同时将酒封打开。

(二)开启酒瓶的技巧

1. 开白酒

开白酒时,应先用餐巾把瓶身擦拭干净,以左手握住瓶身,再用右手拧开瓶盖。

2. 开葡萄酒

在离酒瓶口下方 5 厘米左右的地方用螺旋开刀转一圈,划开外封口材料,再用螺旋开刀对准瓶塞中部垂直地往下转动,瓶盖打开后,用餐巾将瓶口擦拭干净后将瓶口的酒稍微倒掉一点。

(三)斟酒的方式

1. 桌斟

酒杯放在桌上,斟酒者立于饮者的右边,侧身用右手握住酒瓶向杯中倾倒酒液,如图 6-5 所示。

图 6-5 桌斟

斟酒礼仪桌斟实操.mp4

2. 捧斟

斟酒者站立于饮者对面,一手握瓶,一手将酒杯拿在手中,向杯中斟倒酒水,然后将装有酒液的酒杯送回。捧斟要求动作轻、稳、准,优雅大方,如图 6-6 所示。

图 6-6 捧斟

捧斟礼仪.mp4

注意:这种斟酒方式一般适用于非冰镇酒品。

(四)斟酒礼仪实操

(1) 斟酒准备：用干净的餐巾将瓶口、瓶身擦净。

(2) 持瓶姿势：右手四指并拢，拇指张开；酒水商标朝外，手掌心贴于瓶身下 1/3 处。

(3) 桌斟。

第一步，身体直立，左手自然垂下，右手持瓶，右手小臂弯曲成 45°。

第二步，站在客人右后侧，应先提醒"先生，请注意，为您斟酒"，然后右脚插入两位客人的座椅之间。

第三步，上身略向前倾，侧身进行斟倒。

第四步，斟倒适量后，右手腕部将酒瓶顺时针转向自己身体一侧，以免酒液挂在瓶上、滴在桌上或客人身上。

第五步，斟倒完毕，撤回右脚与左脚并齐，使身体恢复直立状态，再顺时针为下一位客人斟倒。

(4) 捧斟。

第一步，身体直立，左手持瓶，小臂弯曲成 45°。

第二步，站在饮者右后侧，右脚插入两位客人的座椅之间。

第三步，右手取左侧客人酒杯，收回右脚与左脚靠近。

第四步，斟倒时，上身略向前倾。

第五步，斟倒适量后，左手腕部应向内旋转一个角度，同时离开酒杯上方，使酒滴不挂瓶上、不落地上。

第六步，斟倒完毕，右脚由饮者右侧跨入半步，将酒杯放回原来的位置。

第七步，放毕，撤回右脚，使身体恢复直立状态，再顺时针为下一位客人斟倒。

二、斟酒注意事项

(一)酒瓶与酒杯的距离

斟酒时，瓶口应与杯口保持 2 厘米左右的距离。

(二)斟酒量

(1) 白酒：斟八分满，如图 6-7(a)所示。

(2) 红葡萄酒：斟 1/3 杯，以示对客人的尊重，如图 6-7(b)所示。

(3) 白葡萄酒：配冰桶供应，温度 10～12℃，斟 2/3 杯，如图 6-8 所示。

(4) 斟香槟酒：香槟酒需冰镇至 8～10℃。先斟 1/3 杯，待酒中泡沫平息后，再续斟至七分满，如图 6-9 所示。

(5) 啤酒：斟倒时杯子应倾斜 45°，酒瓶离杯口 2 厘米左右，使酒液顺杯壁慢慢流入杯中呈八成酒二成沫，如图 6-10 所示。

(6) 白兰地：斟 1/4 杯，余下空间可以让客人随自己的喜好加冰等，如图 6-11 所示。

(a) 白酒

(b) 红葡萄酒

图 6-7　斟酒量

图 6-8　冰桶里的香槟

图 6-9　七分满的香槟

图 6-10　啤酒应斟为八成酒二成沫

图 6-11 1/4 杯的白兰地

(三)尊重他人

在他人说话时,要停止斟倒活动。

(四)及时致歉

斟倒出现失手,如滴、洒、翻、倒等,应立即道歉。

(五)请客的斟酒顺序

首先为女主宾斟酒,其次为男主宾斟酒,再次为主人斟酒,然后顺时针斟倒,以表示主人对来宾的尊敬。

三、斟酒禁忌

一忌将身体贴靠客人,或离得太远。
二忌一次为左右两位客人斟酒。
三忌反手斟酒。
四忌将瓶口搁在杯沿上或距离酒杯过远斟酒。
五忌探身对面,手臂横越客人的视线斟酒。

知识拓展

一、香槟酒的开法与倒法

(一)开香槟酒,有下列几个步骤。

(1) 左手握住瓶颈下方,瓶口向外倾斜 15°,右手将瓶口外包装纸揭去,并将铁丝网套锁口处之扭缠部分松开,如图 6-12(a)所示。

(2) 在右手除去网套的同时,左手拇指须适时按住即将冲出之瓶塞,然后右手以餐巾布替换左手拇指,并用手掌捏住瓶塞。

(3) 当瓶塞冲出之瞬间,右手迅速地将瓶塞向右侧揭开。

(4) 如瓶内气压不够，瓶塞无力冲出时，可用右手捏紧瓶塞不动，再以握瓶之左手将酒瓶左右旋转，直到瓶塞冲出为止，如图6-12(b)所示。

(a) 香槟酒开启方法

(b) 香槟酒开启后

图6-12 香槟酒的开启

(二)倒香槟酒的方法

倒香槟酒时，应先用右手握住瓶子中部，食指撑住瓶颈，以求稳妥。初往杯子里斟酒时，气泡会喷起来，因此要先斟少量，等气泡减少时再继续斟至 2/3 杯为止，然后将瓶向上方扶正，以防酒漏到外面，如图6-13所示。

图6-13 香槟斟倒

如果瓶塞很紧，不能冲出，可用大拇指慢慢地往上推挤，然后再拧动。

二、自制饮品

(一)奶茶
红茶沏好后加入到牛奶中。奶茶味的浓淡通过调节红茶浓度来实现。

(二)柠檬茶
红茶沏好后加一片鲜柠檬。柠檬茶味的浓淡也是通过调节红茶浓度来实现的。

(三)抹茶奶
250克牛奶，一小茶匙抹茶，打匀。抹茶奶味道的浓淡通过调节抹茶浓度来实现。

第六章 大型活动礼仪

第四节 送客礼仪

送客是社交活动的最后一个环节,如果处理不好将影响整个活动的效果。讲究送客礼仪,意在送出一份友情。

一、送客礼仪原则

送客应遵循"婉言相留,礼貌相送,欢迎再来,目送远去"的礼仪原则。

无论接待什么样的客人,当客人准备告辞时,一般应婉言相留,这虽是客套辞令,但也必不可少。

分手时应充满热情地招呼客人"慢走""再见""欢迎再来""常联系",等等。

二、送客礼仪实操

(一)在家里或者办公室送客

无论是在家里,还是在办公室,送客都应该送至大门外。客人离开走远后返身进屋,再将房门轻轻关闭,不要使其发出声响,否则是失礼的。

(二)到车站、码头或机场送客

不管是到车站、码头还是机场送客,都不要表现得心神不宁,否则会让客人误会是在催他赶快离开。送客到车站、码头、机场,要等客人通过安检后再返回。因为客人过安检时可能有些物品不能带走需要请你保管。

(三)送客要等客人离去再离开

送别重要客人,应在客人的身影完全消失后再返回。否则,当客人走了几步再回头致意时,发现主人已经不在,心里会很不是滋味,觉得主人的挽留很虚伪。

(四)不必强行送客

如果客人坚持谢绝主人相送,则可遵从客人意愿,不必强行送客。

> **外交故事**

关于周总理送客的故事

1962年,周恩来总理到北京西郊机场为柬埔寨国家元首西哈努克亲王和夫人送行。亲王的飞机刚一起飞,我国参加欢送的人群便自行散开,准备返回,而这时周总理依然笔直地站在原地未动,并要工作人员立即把那些离去的同志叫回来。这次总理发了脾气,他严厉起来,狠狠地批评了相关的同志。

当天下午，周总理就把外交部礼宾司和国务院机关事务管理局的负责同志找去，要他们立即在《礼宾工作条例》上加上一条，即今后到机场为贵宾送行，须等到飞机起飞，绕场一周后，送行者方可离开。

中国民航至今仍遵守着这项规定，如图 6-14 所示。

图 6-14　民航员工为两会代表送行

思考与练习

1. 你是否参加过校庆等大型活动？你关注过这个活动的礼仪吗？
2. 学习大型活动礼仪的意义是什么？
3. 为什么大型活动都很讲究迎宾礼仪？
4. 送行礼仪对人际关系有何影响？
5. 出席或者组织酒会，应该注意哪些礼仪？
6. 进行斟白酒、红酒、啤酒练习。要求达到握杯、握瓶手姿正确，斟倒一次成功。

第七章 位序礼仪

学习目标

掌握位序礼仪,并能正确运用。

学习任务

掌握位序礼仪,能对会议位序、汇报、会谈、会见座次,国旗悬挂位序礼仪,签字仪式座次礼仪,中西餐位序礼仪,其他场合的位序礼仪等有所了解,并能正确地进行实操。

位序是社交、外交礼仪的重点。不仅中国人自古以来就非常讲究位序,国际交往中也十分重视位序礼仪。因此,我们必须了解各种环境下的位序礼仪。

中国古代社会,座位的安排是大有讲究的。《礼经释例》中说:"室内以东向为尊。"具体地讲,在室内礼节性的座次依次是:坐西面东为最尊,其次是坐北面南,再次是坐南面北,而坐东面西位序最低。鸿门宴中,项羽为了表现蔑视刘邦,在座位的安排上,自己东向坐,以长者自居,而让刘邦北向坐,屈居第三位。可见,位序礼仪在当时的政治斗争中是十分重要的。

外交场合中,座位的顺序及进退的程序都是礼仪的一项重要内容。主人根据政治需要,既可以给某人特殊的礼遇,也可以借此表达自己的不满和政治态度。在当前的国际关系中,已经有许多成型的次序排列,比如按到访国使节职位的高低排序或按照国家字母顺序排列等。但有些时候,外交中的位次排序也必须为国家政治需要服务,通过次序排列来显示国家之间关系的远近。

由此可见,位序作为一项重要的外交和社交礼仪,在外交和社交活动中备受重视。

本章将主要按照当今国际惯例,对各种场合的位序礼仪进行介绍、讲解和实际操作示范,让读者了解位序礼仪,掌握位序礼仪。

第一节 会议位序

举行正式会议时，通常应事先排定与会者(尤其是其中重要身份者)的具体座次。越是重要的会议，它的座次排定越受社会关注。对有关会场排座的规范，我们不但需要略知一二，而且必须认真恪守。在实际操办会议时，由于会议的具体规模各有不同，因此其具体的座次排定也存在一定的差异。

一、大会主席台座次

大会主席台座次排定应遵循"尊者居前，居中为上，右高左低"的国际通用礼仪原则。即前排位序高于后排；同排则中央位序高于两侧、右侧位序高于左侧。

例如，人民代表大会会议主席台座席顺序如下：

根据主席团名单、执行主席分组名单和在主席台上就座的人员名单，安排主席台座次。全国人民代表大会会议主席台座席安排格式是：执行主席的席位在主席台的前排，执行主席后面各排分为南北两区。开幕、闭幕时：北区第一排依次安排主席团成员中的中共中央总书记、中央政治局常委、国家副主席、中央政治局委员、候补委员、中央军委副主席、最高人民法院院长、最高人民检察院检察长。南区第一排依次安排国务院总理、副总理、国务委员。南区第二排依次安排不是主席团成员的全国政协副主席、秘书长。北区第二排及其余各排均为主席团成员的座位。主席团成员排列以姓氏笔画为序。报告席设在大会执行主席座席前右侧。

可见，会议座次安排是很严谨的。

大家也许会这样认为：我又不去给国家会议安排座次，我只需要知道自己单位开会怎么安排就行了。的确，大家需要了解的正是这方面的知识。现在我们就一起来看看，一个单位召开全员大会，主席台座次的安排实例。

(一)当领导人数为奇数时

当领导人数为奇数时，主要领导居中，2号领导在1号领导左手位置，3号领导在1号领导右手位置，如图7-1所示。

(二)当领导人数为偶数时

当领导人数为偶数时，1、2号领导同时居中，2号领导依然在1号领导左手位置，3号领导依然在1号领导右手位置，如图7-2所示。

由此可见，无论领导人数是奇数还是偶数，座次排序遵循的依然是居中为上、右高左低原则。

看了前面的两个例子大家也许会问，怎么知道谁是台上的1号领导，谁又是2号领导呢？的确，如何确定一次会议的1号领导对主席台座次排序很重要。

第七章 位序礼仪

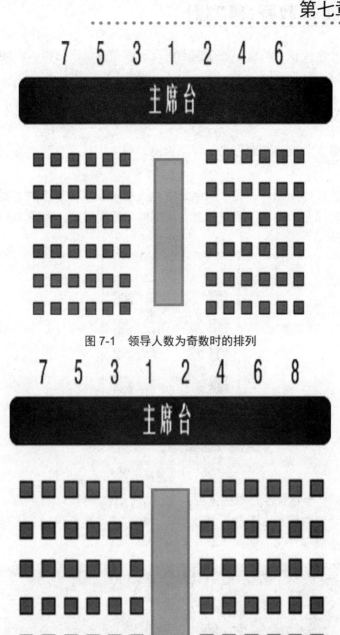

图 7-1 领导人数为奇数时的排列

图 7-2 领导人数为偶数时的排列

现在,把复杂问题简单说。

一个单位的行政会议(如年终总结会、年度工作会议等),单位的行政一把手是会议的 1 号人物,单位党组织的一把手就是 2 号人物(因为任命往往是单位行政一把手兼党组织的副书记;单位党组织的书记兼行政副职),以下按本单位领导日常排序安排即可;而单位的党群工作会议,本单位党组织的书记就是会议的 1 号人物,行政一把手则是 2 号人物,以下按本单位领导日常排序安排即可。

如果主席台有两排以上，就应遵循前面讲过的，前排高于后排、中间高于两边的位序排序原则进行排位。

二、小型会议座次安排

小型会议室多以长桌、椭圆形桌、圆桌为主，与会人员围桌而坐。这类会议也应讲究座次排序。

小型会议座次排序原则：首先，应确定主位，主位安排必须按照"面门为上、居中为上、临墙为上"的原则；其次，应遵循"右高左低"原则排序，如图7-3所示。

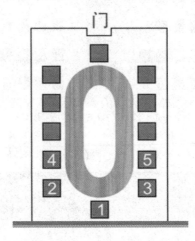

图7-3　小型会议室座次

在图7-3中，1号首长坐在端头主位，主位左手为2号位，右手为3号位；2号位左侧为4号位，3号位右侧为5号位，依次类推。秘书或其他会议记录人员坐在第二排，工作人员座位负责播放音视频，如图7-4所示。

图7-4　会议座位区和座次安排

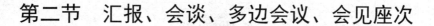

第二节 汇报、会谈、多边会议、会见座次

在生活、工作、学习中都少不了有接受上级检查，参加会见、会谈这样的经历，同时我们也会注意到，在这些场所是讲究座次排序的。主方、客方座次如何安排，上级检查组该坐在哪方，都有一定的礼仪规则。

一、汇报、会谈、多边会议座次

(一)汇报、会谈座次安排

汇报、会谈座次安排应遵循以下程序和礼仪原则。

首先，分清主方和客方。

其次，遵循"面门为上，以右为尊"的礼仪原则安排双方座位区。

最后，按照"以远为上，居中为上，以右为尊"的礼仪原则安排每个人的座次。

(1) 面门为上，如图 7-5 所示。

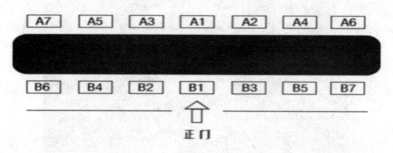

图 7-5 A 为客方或上级，B 为主方

(2) 以右为尊，如图 7-6 所示。

(3) 以远为上，以右为尊，如图 7-7 所示。

(二)多边会议座次安排

多边会议座次应遵循以下程序和礼仪原则。

首先，分清主方和客方。

其次，遵循"面门为上，以右为尊"的原则安排座位区。

最后，按照"居中为上，以右为尊"的原则安排每个人的座次。

例如，中、俄、印外长会议座次区安排，如图 7-8 所示。

会议严格遵循"居中为上，右高左低"礼仪原则。中国是会议主办国，居中央位置；俄罗斯国家按照英文字母排列顺序在印度之前，居右侧；印度居左侧。

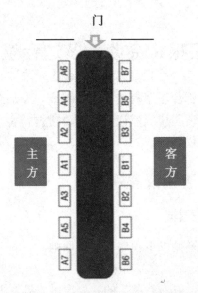

图 7-6　面门左侧为主方，面门右侧为客方

图 7-7　A 为客方或上级，B 为主方

图 7-8　中、俄、印外长会议座位区安排

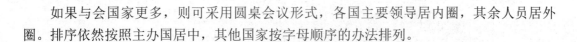

如果与会国家更多，则可采用圆桌会议形式，各国主要领导居内圈，其余人员居外圈。排序依然按照主办国居中，其他国家按字母顺序的办法排列。

二、会见座次

会见座次应遵循以下程序和礼仪原则。

首先，分清主方和客方。

其次，遵循"面门为上，以右为尊"的原则安排双方座位区。

最后，按照"以远为上，依次排列"的原则安排每个人的座次，如图7-9所示。

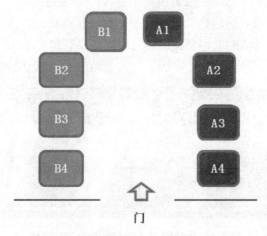

图7-9　A为主方，B为客方

例如，上个世纪70年代，时任美国国务卿基辛格访问中国，受到时任中国国务院总理周恩来的接见，如图7-10所示。

图7-10　周恩来与基辛格会见、会谈座次

会见地点在中国。美方是客人，中方是主人，所以，美方国务卿居中方国务院总理的右侧。

第三节 国旗悬挂位序礼仪

外交活动中,国旗悬挂是必不可少的,如果悬挂的位序出现问题,是会引发外交纠纷的。因此,我们必须了解国旗悬挂的位序礼仪。

一、双边会议、会见国旗悬挂位序礼仪

双边会议、会见,国旗悬挂应遵循面对主旗杆,"客左主右"的礼仪原则。即被访国国旗悬挂在进门对面墙的右侧旗杆上,来访国国旗悬挂在进门对面墙的左侧旗杆上,并且交叉悬挂,一般按照背景墙的大小悬挂两到三组,最少悬挂一组。

例如,中国代表团访问俄罗斯,两国领导人会谈时的国旗悬挂如图7-11所示。

图7-11 中俄双方会谈时在俄的国旗悬挂

俄罗斯是被访国,是主人,国旗悬挂于面对的右侧旗杆上;中国是来访国,是客人,国旗悬挂于面对的左侧旗杆上。在正式室内场合,一般要挂两组或以上。

再如,中国和美国在美国举行双边会谈,会谈现场布置如图7-12所示。

图7-12 工作人员正在准备中美双边会谈现场

美国是主人,美国国旗悬挂于进门面对中间两只旗杆中的右侧旗杆上;中国是客人,

国旗悬挂于进门面对中间两只旗杆中的左侧旗杆上。其余两边国旗交叉悬挂。

二、多边会议国旗悬挂位序礼仪

多边会议国旗悬挂应遵循面对主旗杆，"主内客外，字母排序"的礼仪原则，即主办国国旗悬挂在进门对面墙中央，来访国国旗按照国家名称的英文首字母排列顺序由内而外依次悬挂，形成对称的两组，如图 7-13 所示。

图 7-13　中国、俄罗斯、印度三国外长会议国旗悬挂

这两组悬挂对称的多国国旗，悬挂位序完全遵循"主内客外，字母排序"原则。首先，悬挂对面右侧的一组国旗：中国是主办国，国旗居中央位置；俄罗斯国家按照英文字母排列顺序在印度之前，国旗悬挂在中国国旗旁；印度国旗则悬挂在俄罗斯国旗旁。然后，对称悬挂左侧一组国旗。

第四节　签字仪式座次礼仪

签字仪式虽然简短，但隆重、热烈。一般签字仪式还要铺深红色或深绿色台呢，签字桌后一般要挂与签字内容有关的横幅。若是两个国家间举行签字仪式，还要备国旗、旗杆或旗架。

举行签字仪式时，座次排列有三种基本形式，即并列式、相对式、主席式。

一、并列式签字仪式座次礼仪

并列式，是举行双边签字仪式最常见的形式。并列式签字仪式签字台相关的礼仪原则如下。

第一，签字桌位于室内，面门横放于合适区域。

第二，双方签字人在签字桌前面门而坐，客方居右，主方居左。

第三，双方见证人各自站立在本方签字人身后，按照居中为上的礼仪原则排序，双方主要见证人居于中央，如图 7-14 所示。

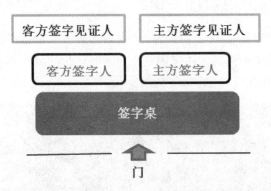

图 7-14　并列式签字仪式

例如，中国一家公司与德国一家国际物流公司在北京共同签署合作文件，图 7-15 所示为签字仪式。

图 7-15　中、德两家公司合作文件的签字仪式

中德两家公司领导共同出席双方合作文件的签字仪式并签署合作文件。立于本方签字人身后，又居于整个见证席中央的是各自一方的位序次高者。

二、相对式签字仪式座次礼仪

相对式签字仪式的位序礼仪与并列式签字仪式的位序礼仪基本相同。二者之间的唯一差别是：相对式签字仪式是将双边签字仪式见证席由签字人身后移至签字人的对面。

第一，签字桌在室内居中面门横放。

第二，双方签字人在签字桌前面门而坐，客方居右，主方居左。

第三，双方见证人各自站立(或就座)在本方签字人桌前一侧，按照居中为上原则排序，使双方主要见证人居于中央，如图 7-16 所示。

第七章　位序礼仪

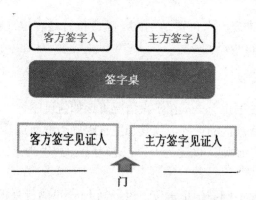

图 7-16　相对式签字仪式座次安排

三、主席式签字仪式座次礼仪

主席式签字仪式，主要用于多边签字。其具体操作是：签字桌面门横放在室内，签字人座位设在桌前面门的位置，但只设一个座位，并且不固定其就座者。举行签字仪式时，各方所有人员，包括签字人在内，皆面向签字席就座。签字时，各方签字人须按照规定的先后顺序依次走上签字席就座签字，签字完毕即退回原处就座，如图 7-17 所示。

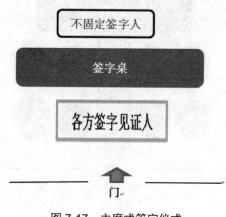

图 7-17　主席式签字仪式

第五节　中西餐位序礼仪

在对外交往日益频繁的今天，餐桌其实已经不仅是用餐的地方，它还变成了一个展现素质、讲究礼仪的社交平台。众所周知，无论中餐还是西餐都讲究位序，位序排列有误，会引起客人的不满。在用餐环境里到底该如何安排桌次和座次才恰当呢？这一直是许多人十分纠结的事。现在就来看看如何解决这个棘手的问题吧。

一、中餐位序礼仪

中国人讲究餐桌礼仪已有好几千年的历史，请客分几桌的时候要讲究哪桌是主桌，哪桌是次桌；同一桌上要讲究哪个位置是主位，哪个位置是客位；哪个位置该什么样的人坐。下面就这类问题作详细探讨。

(一)中餐桌次礼仪

许多时候，用餐往往不止一桌，在多桌情况下该如何排序？

按照国际惯例，桌次高低的排列，以其与主桌距离远近而定。

确定主桌位置的礼仪原则：以远为上；以右为上；居中为上；临台(墙)为上；观景为上；免打扰为上。

其余桌次安排的礼仪原则：主桌定位，以近为上(这里的近是指与主桌的距离)。

换言之，就是首先确定主桌，主桌通常正对门，离门最远，离主席台最近，背靠墙，或是处于场地的中央，有的场所则处于最佳观景位置。其他桌次的位置以离主桌远近判断位序高低：如与主桌距离相同，则次桌居主桌右侧的桌次高于主桌左侧的桌次；竖排是以主桌为中心，距门远的一桌桌次高于距门近的一桌。

如果室内有表示位置高低的明显标志物，例如婚宴仪式的前台、主席台、西式客厅的壁炉等，则越靠近标志物，越靠近台前桌次越高，位置相等，则右高左低，如图7-18所示。

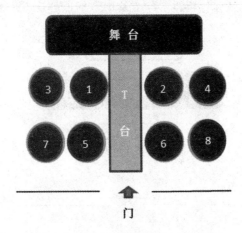

图 7-18　以右为上

当餐桌有左右之分时，应以面向门的右侧餐桌为上桌，如图7-19所示。

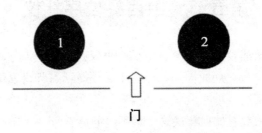

图 7-19　以右为尊

当餐桌距离餐厅正门有远近之分时，一般以距门较远的餐桌为上桌，如图 7-20 所示。这样安排的原因是免打扰。

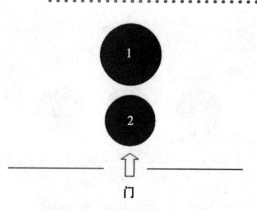

图 7-20　以远为上

当多张餐桌排列时,一般居中央者为上桌。如图 7-21 所示。

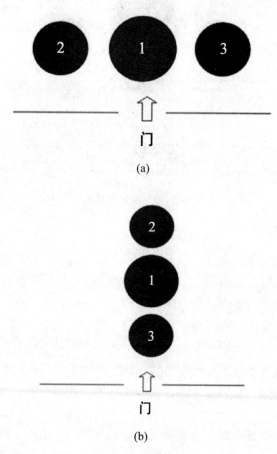

(a)

(b)

图 7-21　居中为上

以下几种排列方式为突出主桌排列法,一般应根据场地而定,如图 7-22 所示。

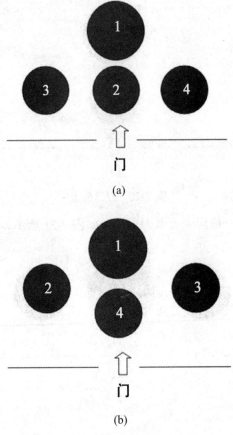

图 7-22 突出主桌

(二)中餐座次礼仪

中国人请客吃饭的时候常常说"今天我做东","做东"也就是做主人请客的意思,这与中国古代深厚的礼仪文化有关。

中国古代建造的房屋大多坐北朝南。房子的正中是堂,东、西、北三面皆是墙,朝南敞开,是一个开放性的空间。在堂中朝南摆放两个座位,一东一西。接待客人时,主人总是先把客人迎到西位,自己则坐在东位。

"主东客西",这样的位置安排在古代礼仪中是固定的。久而久之,东与西这自然的空间便被注入了文化内涵:东即指主人,西即指宾客。我们今天的国际惯例座次排序与此如出一辙。

在中式宴会上,座次是指同一张餐桌上席位的次序。

中餐宴会座次礼仪原则:面门为上,居中为上,邻墙为上,观景为上,以右为尊等。这些原则要应时应景,灵活使用。

其中,最重要的是面门为上。举行正式宴会时,主桌上的主人通常坐在面向餐厅主门、能纵观全局的位置;有两位主人时,第二位主人与主人相对而坐。同桌上其他成员的席位安排依据礼宾次序,以离主人座位远近而定,主宾双方交叉排列。

1. 一头沉模式

"一头沉"的座次安排如图 7-23 所示。

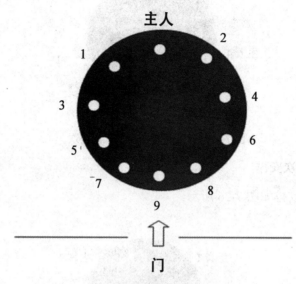

图 7-23 "一头沉"的座次

2. 两头沉模式

"两头沉"的座次安排如图 7-24 所示。

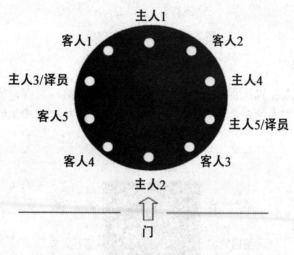

图 7-24 "两头沉"的座次

3. 来宾身份高于主人的座次安排

来宾身份高于主人的座次安排如图 7-25 所示。

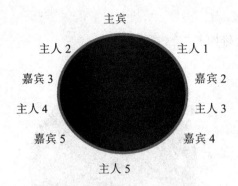

图 7-25　来宾身份高于主人的座次

4. 日常聚会的座次安排

日常聚会的座次安排如图 7-26 所示。

图 7-26　日常聚会的座次

5. 方桌座次安排

首先确定男女主人位置，男主人居上坐，其右侧安排第一宾客，女主人居下坐，其右侧安排女主宾，而男主人的左侧安排第三宾客，女主人的左侧安排第四宾客，以下交叉排序，如图 7-27 所示。

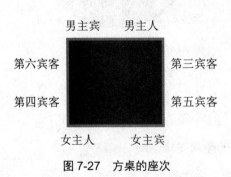

图 7-27　方桌的座次

6. 多桌情况下座次安排

多桌情况下，应遵循面向主桌，依次排序的礼仪原则。

首先，所有次桌的第一主人都必须面向主桌主人。

其次，次桌的其他座次位序根据本桌主人位置来确定。这样安排的主要目的，是方便次桌主人观察主桌主人的需求和动态，如图 7-28 所示。

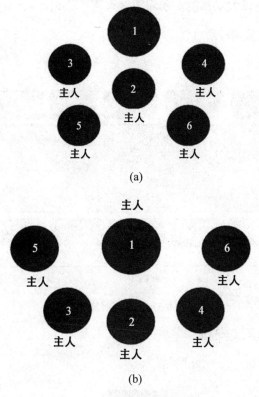

图 7-28　多桌情况下的座次

二、西餐座次排序

(一)西餐桌分类

西餐以长桌为主。长桌的座位布置主要有两种方式：一种是法式就座方式；另一种是英美式就座方式。

(二)西餐座次排序通用原则

(1) 女士优先。在西餐礼仪里，突出体现女士优先原则。排定用餐座次时，女主人为第一主人，在主位就座。男主人为第二主人，坐在第二主人的位置上。

(2) 距离定位。西餐桌上席位的尊卑，是根据其距离主位的远近决定的，距主位近的位序要高于距主位远的位序。

(3) 以右为尊。排定座次时，以右为尊是基本原则。就某一具体位置而言，按礼仪规范其右侧位序要高于左侧。在西餐排位时，男主宾要排在女主人的右侧，女主宾排在男主人的右侧，按此原则，依次排列。

(4) 面门为上。按礼仪的要求，面对餐厅正门位子的位序要高于背对餐厅正门位子的位序。

(5) 交叉排列。西餐排列席位时，还非常讲究交叉排列的原则，即男女应当交叉排列，熟人和生人也应交叉排列。在西方人看来，宴会场合是社交场合，要拓展人际关系，这样交叉排列，用意就是让大家都能多和周围客人聊天认识，从而达到社交目的。

(三) 法式西餐座次安排

法式西餐座次安排如图 7-29 所示。

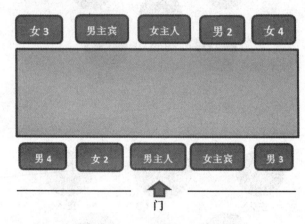

图 7-29　法式西餐座次

(四) 英(美)式西餐座次安排

英(美)式西餐座次安排如图 7-30 所示。

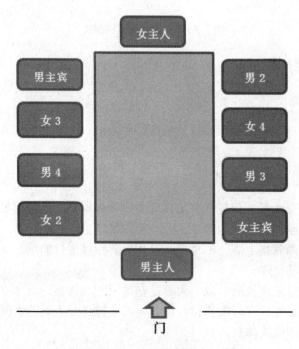

图 7-30　英式西餐座次

第七章 位序礼仪

> **知识拓展**

西餐宴会座次礼仪实例解析

外国元首夫妇访问英国，英国女王都会为外国元首夫妇举行欢迎宴会。宴会一般分为三桌：主桌和左右两侧各一桌。主桌临主墙，主桌一共六个人，三对夫妇，其位序礼仪值得品味，如图7-31所示。

图7-31 英国女王宴请外国元首夫妇座次

宴会中，英国女王夫妇、外国元首夫妇、英国王子夫妇交叉排列。座次是这样的：

第一对夫妻，遵循主人居中原则，英国女王(女1)与其丈夫(男1)居中；遵循以右为尊原则，英国女王居其丈夫右侧，为整个宴会的主位。

第二对夫妻，遵循以右为尊原则，外国元首(男2)居英国女王(主人)右侧；遵循交叉排列原则，外国元首夫人(女2)居英国女王丈夫左侧。

第三对夫妻：遵循交叉排列原则，英国王妃(女3)居外国元首右侧；英国王子(男3)则居外国元首夫人左侧，即居三对夫妇末位。

第六节 其他场合的位序礼仪

一、剪彩、奠基、揭牌仪式的位序礼仪

剪彩、奠基、揭牌都是庆祝活动，一般会邀请许多嘉宾参加，还会在仪式上确定多位有影响力的人物为剪彩、奠基、揭牌嘉宾，这些嘉宾除身份特殊外，与主办单位的关系也很特殊，位序错了，会引起嘉宾的不愉快，因此，如何排位序就显得格外重要。

剪彩、奠基、揭牌嘉宾排序应遵循"居中为上，右高左低"的原则。

即安排嘉宾时首先确定居中的嘉宾,即位序高者居中;然后再按职务、职称、社会影响等进行排序。

例如,2015年10月,中国南方航空公司在羽田机场举行航线开通仪式,日中双方有关嘉宾为南航羽田-广州航线开通剪彩,如图7-32所示。

图7-32　嘉宾为南航羽田-广州航线开通剪彩

中方主要嘉宾居中,其左侧是日方主要嘉宾,其右侧位序次之。

二、合影的位序礼仪

重要和正式的合影,宾主一般均站立拍照或双方位序高的前排就座,其余人员梯次站立进行拍照,通常不要求参加者蹲下拍照。拍照也需要排列位序,而且尤其重视前排的位序。

合影位序仍然遵循"居前为上,居中为上,右高左低"的礼仪原则。

在涉外合影中应遵守国际惯例:主人居中,主左客右。即主宾居主人右侧,双方人员按照各自位序主客交叉依次排开。

例如,1975年8月26日,时任国务院总理的周恩来在医院会见柬埔寨国家元首诺罗敦·西哈努克亲王一行。如图7-33所示是周恩来总理会见西哈努克的合影。

图7-33　周恩来总理会见西哈努克的合影

照片的礼仪解析：本照片遵循主人居中，以右为尊，居中为上的礼仪原则。时任国家总理的周恩来居中，柬埔寨国家元首西哈努克亲王居周总理右侧尊位，宾鲁亲王居周总理左侧，位序高于其他人。

思考与练习

1. 中国古代与现代在位序礼仪上有何变化？
2. 你关注哪些场合的位序？为什么？
3. 会议、汇报、会谈、会见位序有哪些异同？
4. 熟悉国旗悬挂位序礼仪。
5. 了解签字仪式座次礼仪。
6. 中、西餐位序礼仪的基本原则有哪些？
7. 位序礼仪的举一反三练习：家庭成员聚餐；与同学和老师聚餐；参加他人组织的宴请。

第八章　集体生活礼仪

学习目标

掌握集体生活礼仪，并能在实际中应用。

学习任务

掌握集体生活礼仪，对宿舍生活礼仪、公共场所礼仪能运用自如。

　　学校和许多单位都有自己的宿舍、食堂、活动区，很多人过着集体生活，矛盾也经常发生。笔者的一个学生就曾向笔者抱怨过，同宿舍的女孩经常不征得她的同意就使用她的洗发水，并且每次用完后还不盖上瓶盖，她因此很郁闷，她一点儿都不喜欢这个室友。

　　应该如何在集体生活环境中成为受欢迎的人呢？学习集体生活礼仪就显得很有必要。同学、同事来自五湖四海，为了一个共同的目标走到一起来了，但是，每个人有着不同的生活背景、不同的性格特征、不同的兴趣爱好等，在一个屋檐下生活就需要彼此相互理解、相互信任、相互包容、相互尊重。这一切说起来容易做起来其实也不难，只要都能按照"己所不欲勿施于人"的原则并遵循集体生活礼仪原则就能够达到。

　　本章将主要通过有关集体生活礼仪的案例，对集体生活礼仪进行讲解，目的是让读者深刻认识到遵章守纪、讲究卫生、尊重他人、关心支持、理解包容是集体生活中"礼"与"非礼"的界限，自觉养成具有高度文明的好习惯，在未来的工作、生活和学习中受益。

第一节　宿舍生活礼仪

　　宿舍是集体生活最重要的场所，也是矛盾最集中和最易发的地方。要解决这些问题，就需要同宿舍的人共同遵守相关规矩，加强自我约束。

第八章　集体生活礼仪

一、遵守纪律

遵守学校或单位对宿舍管理的规定，保持宿舍安静，按时熄灯就寝，实际上就是遵循"免打扰"的礼仪原则。

如有事晚归应提前告诉室友，以免担心；回来之后也应动作轻缓，以免影响他人。若需早起也要提前向室友们打招呼，起床时要动作轻柔，尽量不发出声响，并尽快离开宿舍。

如果不小心影响到他人，要说"对不起"。

忌：目中无人。

二、保持宿舍卫生

保持宿舍卫生实际上是遵循"讲究卫生"的礼仪原则。

集体宿舍是公共空间，其中的卫生要靠每位生活在这里的人共同维护。笔者有过多年的集体生活经历，也到过许多集体宿舍。一次作为检查组成员，查看多所学校的学生宿舍，其中印象最深的有一个女生宿舍和一个男生宿舍。某女生宿舍，四个人的房间，有三人没有叠被子，桌上地上乱七八糟，长头发满地都是，卫生间的盥洗台更是惨不忍睹；某男生宿舍就更不用说，推开门一股异味差点把人熏倒，屋内一片狼藉，进屋只能跳着走，卫生间的便池也很脏，让大家感觉非常不好。更让人惊愕的是，这种现象不是个别的。究其原因：一是许多人仅仅把宿舍当作临时居住地，而没有把这里当作家一样爱惜；二是现在年轻人许多都是独生子女，在家从未自己打扫过卫生，不习惯自己动手；三是自私，以自我为中心，不考虑他人感受。

究竟应该怎么做才能维护好宿舍区的卫生呢？从礼仪的角度讲应该这样做。

第一，自觉定期打扫宿舍卫生，这包括个人、宿舍内、卫生间、公共区域等。

第二，自觉维护宿舍区卫生，不乱扔东西。

第三，保持宿舍整齐，东西从哪里拿来的，用过之后要立即放回原来的位置。

第四，自己使用过的区域要立即认真打扫和擦拭干净，尤其是卫生间的盥洗台、镜子等；女生长发要固定在一个地方梳理，梳理完毕要把掉下来的头发清理掉。

第五，不小心弄脏了宿舍要及时道歉"对不起"，并及时清扫。

忌：乱拿、乱放、乱扔、乱倒。

三、不随便使用他人物品

随意使用他人物品是引发宿舍矛盾的主要原因。这类行为源于个人性格的不以为然和对集体生活缺乏经验。到底应该遵守哪些礼仪原则才能真正减少甚至避免矛盾呢？应该这样做。

第一，自己已经有了的东西绝不使用他人的。

第二，需要使用他人物品必须事先征得物品主人的同意，未经许可，不能擅自取用。

第三，使用他人的物品必须爱护、珍惜，损坏了要赔偿。

第四，他人的物品，用过之后要及时擦拭、清洗干净并及时归还或放归原处。若有损坏要及时道歉并赔偿。

第五，用完他人物品要及时道声"谢谢"。

忌：未经许可随意动用他人物品，特别是贵重物品。

四、注重言谈文明

在集体宿舍生活，尤其应注重语言礼仪。待人要谦恭和气，谈吐要文明有礼，不要出言不逊、粗话连篇。许多人觉得既然同宿舍就没必要讲究那么多礼节，应该随意些才显得与众不同，殊不知许多话说者无心，听者有意，一旦曲解了其中的意思，便会引发不必要的纠纷。2004 年震惊全国的云南大学学生马加爵杀害室友案，就是因语言引发的。那么，说话到底应该遵循哪些礼仪原则才利于宿舍团结呢？

(一)说话注意表情和语音语调

在宿舍中和室友交谈，要带着真诚的微笑，微笑可增加感染力。亲切柔和，诚恳友善，轻言细语给人亲切感；而粗声大嗓、以教训人的口吻说话或摆出盛气凌人的架势则会令人心生畏惧，敬而远之。

(二)说话注意用词

在语句上，少用否定句，多用肯定句。在用词上，要注意感情色彩，多用褒义词、中性词，少用贬义词。

(三)多用礼貌语言

早起或见面相互问好，无疑能增加亲切感；多使用"请""谢谢""对不起""打扰了"等礼貌用语表示对他人的尊重。

(四)多用"我们"少说"我"

室友之间交流，多用"我们"能增加认同感和集体意识。

(五)多说利于团结的话

与人交流，多说利于团结的话，不说不利于团结的话，更不要在背地里议论他人或说他人坏话。

(六)多传递正面信息

多传递正面信息，不传播负面消息和小道消息。即使有人不慎说了他人不该说的话，也不能去做传话筒"我告诉你，今天×××又说了你的坏话……"。

(七)不在宿舍谈论或非议他人

在宿舍谈论或非议他人容易引发同宿舍或宿舍与宿舍之间的矛盾。

(八)不随便评价他人

人的判断与自己的文化素养、性格、爱好、眼界等有关,以自己的眼光评判他人往往有失客观、公正。因此,不要随便评价自己身边的任何人,更不要轻易对别人下结论。

忌:使用强势、犀利、诋毁的语言伤害他人。

五、尊重他人隐私

在集体生活中,大家都应尊重别人的隐私权。由不尊重隐私权引发的不愉快例子很多。

很多年前,在某中学的学生宿舍,一位同学偷偷把同宿舍同学的日记本拿去交给了班主任老师,班主任老师通过这位同学的日记了解到她对自己有看法,心里很不高兴,在全班同学面前狠狠地批评了这位写日记的同学。事情虽小,也过去了几十年,但在日记本主人的心里,永远都对这位偷拿日记本的同学心存芥蒂。

在尊重隐私方面,应该遵循如下礼仪原则。

第一,不翻看他人的笔记本、书籍和物品,更不能翻看同学的日记。

第二,不私拆、私藏他人信件、包裹。

第三,不翻看他人的电脑和手机。

第四,不随意使用他人邮箱、电话或QQ号与外界联系。

第五,不打听他人的家事。

第六,不翻他人的箱包。

第七,不随意跨入他人的私人空间。

第八,不打探他人的隐私。

忌:打探或传播他人隐私。

六、相互包容,互谅互让

俗话说:"舌头和牙齿再好也会打架。"集体生活,难免会发生一些矛盾和不愉快的事情,要知道克制自己,宽以待人,互相谅解,即使是原则问题,也应心平气和地说明道理。遵循以下礼仪原则可学会包容和忍让。

(一)学会换位思考,懂得体谅他人

同宿舍的人,有时候因心情不好说了过头话,要学会换位思考,不要过于计较。

(二)"得饶人处且饶人"

不要得理不饶人,有的时候赢了道理却伤了和气。

(三)"退一步海阔天空"

遇到争吵要学会包容和忍让,忍一时风平浪静,退一步海阔天空,否则会两败俱伤。

(四)非原则问题不要过于计较

人生许多事其实不值得计较，太计较的人很难与人相处，只要不是原则问题，大家不要过于计较。

(五)学会情绪激动的时候不争辩

人在情绪激动的时候容易说难听的话，说过头话，说绝情话，甚至说伤人的话。如果不控制自己，就会使争辩升级，向坏的方向发展。因此，情绪激动的时候应强制自己停止争辩，等到心平气和的时候再沟通。

(六)学会妥善化解矛盾

当别人发生争吵时，不要袖手旁观，更不能火上浇油，应耐心劝解，帮助其解决矛盾，搞好团结。

忌：不控制情绪，恶语伤人。

七、友爱互助

生活中每个人都会遇到这样或那样的困难，都有需要他人给予支持和帮助的时候。集体生活远离亲人，遇到困难，特别是生病时，就更需要他人的关心和照顾。友爱互助的礼仪原则是：学会在他人需要帮助时主动施以援手。这不仅是关爱他人，也是个人魅力的体现。

(一)关心照顾他人

若同宿舍的人或同学、同事生病应积极帮助送医，主动给予照顾。

(二)及时施以援手

遇到他人工作、学习、生活上有困难，应主动伸出援手予以帮助。

(三)遇事多提醒

他人遇到困惑要多劝慰、多鼓励、多提醒。

忌：冷漠。

八、相互信任

能和睦地生活在一个屋檐下是需要相互信任的，而相互信任是以诚实为基础的。若要取得相互之间的信任，必须遵循以下礼仪原则。

(一)言行一致

言行一致，表里如一，信守承诺。应记住，别人是不会对一个虚伪的、不守信用的人遵守承诺的。

(二)不随便拿别人的东西

未经许可,不随便拿别人的东西,以免被他人另眼相看。有时候拿别人的东西忘记归还,下一次就很难得到信任。

(三)保持相互信任

宿舍里丢了东西,不要无端猜测,要信任自己的室友,以免影响室友之间的关系。

(四)多沟通交流

同宿舍应多交流,交流能增进相互了解,进而产生理解和信任,尤其是当出现隔阂时,更应主动沟通交流,减少误会,求得信任。

忌:胡乱猜忌。

九、宿舍串门和接待

集体生活中,几乎所有的人都有过串门和接待他人串门的经历。串门是一种社交活动,也是相互之间交流信息的一种方式。在集体生活中串门更频繁、更重要。应当如何用好串门这个社交平台,成为一个受欢迎的人,同时,又能避免由串门引发的不愉快,这就需要掌握以下礼仪原则。

(一)串门礼仪

(1) 通常要在有他人相邀或是在得到该寝室人员允许的情况下,才可以前去串门。

(2) 进门前先要轻轻敲门,得到允许之后方可慢慢推门入内。不打招呼,突然推门而入有可能发生令人尴尬的事。

(3) 进门后应主动向屋内的人打招呼,并且只能坐在邀请人的床铺上,不要随处乱坐。

(4) 进入他人生活区,不能随便使用他人物品,随意翻动他人东西。

(5) 讲话声要轻,串门时间不宜太长,以免影响他人的正常作息。

忌:未经允许擅自进入;用力推门进入;在他人宿舍内高声说话,旁若无人。

(二)接待串门

(1) 听到敲门要有应声,主动开门迎接,并说"欢迎"。

(2) 客人进门要热情请坐,稀客来访要主动倒水。

(3) 主动与客人交流,热情回答客人问话。

(4) 客人离开要送行到门外,并说"欢迎下次再来"。

忌:对来访者不理不睬,态度冷淡。

十、经济往来

集体生活少不了会有一定的经济往来,如果我们不注意把握分寸,就很容易引发纠纷,影响团结。应该如何避免由此引起的不愉快呢?请遵循以下礼仪原则。

(一)一般不要相互借贷

非特殊情况一般不要相互借贷，如果借了，一定要按时归还。

(二)不借他人的贵重物品

不借他人的贵重物品，也不要轻易把自己的贵重物品借给他人，以免因损坏或丢失引发纠纷。

(三)不借他人车辆

不借他人车辆，也不要把自己的车辆借给他人，以免万一发生事故，会产生难以承担的后果。

(四)借物借钱及时归还

常言道："有借有还，再借不难。"借物借钱应及时归还，若不能按时归还，则应及时说明原因，请求对方谅解，并确定新的归还期限。

(五)损坏东西要赔偿

损坏他人物品要及时修复或赔偿，并要向他人道歉。

忌：超出自己经济能力的借贷。

十一、自我管理

许多宿舍纠纷都是因个人对自己的东西不加以收拾、管理引发的。要避免引发不愉快，就应当遵循以下礼仪原则。

(一)加强自我管理

对自己的私人物品，尤其是贵重物品应当妥善保管。该存的要存，该锁的要锁，不要随手乱扔，以防因自己不慎放在什么地方忘记了而引发宿舍纠纷。

(二)养成经常整理的好习惯

对自己生活的空间要经常整理，物品要归类摆放整齐，擦拭干净。

(三)讲究个人卫生

勤洗澡，勤换衣服和卧具；换下的脏衣服及时清洗，以免散发异味，影响他人正常生活。

第二节　公共场所礼仪

集体生活，总少不了进入公共空间，在这些环境里，个人的基本素质、礼仪修养会得到淋漓尽致的展现。例如，有的人很随意地穿着拖鞋进入公共区域，大多数人对此会嗤之以鼻，因为大家觉得这样的人不文明，缺乏应有的修养；有的人带着矿泉水进入图书馆，走的时候却把矿泉水瓶留在了图书馆的桌上，也因此带来许多异样的眼光。那么，在公共场所要遵守哪些礼仪原则呢？

一、食堂就餐礼仪

生活离不开吃饭。到食堂吃饭应遵循这样的礼仪原则：讲究秩序、讲究卫生、相互谦让、尊重他人。如果做得不好，会被大家认为不够文明。

(一)食堂就餐基本礼仪

(1) 衣着整齐，勿穿拖鞋。
(2) 遵守秩序，排队就餐。
(3) 不占座位，互谅互让。
(4) 文明进餐，讲究卫生。
(5) 节约粮食，不倒饭菜。
(6) 礼貌退席，带走垃圾。
(7) 尊重工作人员，对他人的服务要道谢。

忌：浪费粮食。

(二)用餐礼仪

(1) 不高声说话，不面对公共食物说话。
(2) 勿敲打餐具，勿对着餐台咳嗽、打喷嚏，勿当众剔牙。
(3) 文明使用餐具，轻取轻收。
(4) 食物残渣放在餐盘一角，勿扔在桌上。
(5) 用餐结束主动将餐具送到指定地方。

(三)用餐禁忌

一忌用自己的餐具为他人夹菜。
二忌拿着筷子手舞足蹈。
三忌狼吞虎咽吃相不雅。
四忌餐桌上一片狼藉。

二、图书馆礼仪

图书馆是供大家学习的地方，突出的是文化元素，进入这个特殊的公共空间，要遵守以下礼仪原则。

(一)衣着整齐

图书馆是讲究文明的公共空间，进入其中应当注意仪容仪表礼仪，不能穿得过短、过紧、过透、过露，更不能穿着背心和拖鞋进入。

(二)不抢占座位

图书馆的资源是公共的,而且很有限,所以,不要抢占座位,更不能把自己的私人物品放在其他座位上,影响他人使用。

(三)不占用资源

进入图书馆查阅资料,即使需要查阅的资料较多也不能一次将所用书籍全部取回,而应该逐册取阅,以免占用资源,影响他人阅读。

(四)爱护书籍

在图书馆,翻阅图书时动作要轻柔、缓慢,防止撕坏图书,也不能在图书上写、画、做记号等,更不能将自己喜欢的图书据为己有。

(五)保持安静

进入图书馆,应自觉将手机调成静音,更不要接打电话。交谈说话要轻声,以免影响他人。在阅览室内行走、坐下、放置物品时都要注意,不要弄出响声,不能以任何方式干扰他人阅读。

(六)不污染图书

阅读期间,水和饮料要远离图书,以免不小心碰倒洒出污染图书。
忌:带食物入内;脏手、湿手拿图书。

三、运动场礼仪

运动场礼仪原则如下。

(一)穿着合身

参加体育运动,要穿着合适的运动服装和运动鞋,勿过小过紧,以免影响肢体运动。

(二)自备茶水饮料

运动需要补充水分,应自备茶水饮料,勿与他人共饮,以防传染疾病。

(三)注意运动安全

同一场地多人运动时,若自己的运动器具出手,方向要避开人。如果他人使用运动器具,自己也要注意避开运动器具的运动方向。

(四)礼貌开展运动

很多运动项目少不了会有肢体接触,如果冲撞到他人,要立即扶起并真诚地道歉;若被他人不小心碰倒也切勿发火。

(五)主动帮助他人

运动场上经常会发生受伤的情况,若发现有人受伤,要主动上前救助(因此必须学习一些救助知识)。

(六)尊重裁判,尊重对手

比赛中,由于各种原因,可能会出现裁判不公的问题,即使如此,也要冷静,做到"友谊第一,比赛第二",尊重裁判,尊重对手。

忌:出言不逊;故意伤人。

四、大会、典礼礼仪

大会或典礼都属于人数众多场合,需要每一个人都注意以下礼仪原则,约束自己的行为,才能保证会议顺利进行。

(一)提前到场,文明入座

参加大会或典礼,应当提前到场,文明入座,这是对组织者和其他来宾的尊重。

(二)手机静音,保持安静

大会和典礼都是隆重、正式的场合,为了不影响他人,应自觉保持安静,提前将手机关机或调成静音。

(三)注意聆听,适时鼓掌

出席大会或庆典,要保持良好的精神状态,认真听主席台上的发言,发言前后以及发言精彩的地方要适时鼓掌。

(四)保持坐正,不遮挡他人视线

出席大会或典礼,应该保持端正坐姿,切不可身体左摇右晃,遮挡后排的视线。

(五)勿中途退出

非紧急情况,大会或典礼的中途不要退出。中途退场是对主办方极其不尊重。

(六)起立缓慢,礼貌退场

大会或典礼结束,应缓慢起身,如果是翻背椅,应一手扶住再起身,以免将座椅弄得噼啪响。退场时应礼让他人,尤其是老人、儿童和妇女。

(七)特殊情况听从指挥

大会或典礼期间若发生紧急情况,不要慌张,更不要大声喊叫,应听从指挥,切勿拥挤,互相帮助,快速撤离。

忌:玩手机、拍照。

思考与练习

1. 为什么要学习集体生活礼仪?
2. 你与宿舍的室友发生过矛盾吗?你们是如何处理的?有何经验与教训?
3. 你认为应该遵守宿舍管理规定吗?
4. 宿舍生活礼仪应如何进一步细化和落实?
5. 你讨厌公共场所不讲究礼仪的行为吗?
6. 按照"己所不欲勿施于人"的原则,举一反三思考不同场合应当遵守的礼仪原则。

第九章 公 共 礼 仪

学习目标

掌握公共礼仪实操与应用。

学习任务

掌握公共礼仪。熟悉乘坐公共交通工具的安全知识和礼仪,掌握驾驶交通工具礼仪、观看文体节目礼仪、入住宾馆酒店礼仪、旅游礼仪等的实操与应用。

在社交活动频繁的今天,每个人都少不了参与公共空间活动,比如,乘飞机、乘大巴、看电影等,但是只要认真想想,就会发现在这些活动中也有很多令人不愉快的事。在地铁里大声地打电话;在大巴上年轻人坐着老年人站着;在飞机上把鞋脱掉等。这说明一些人讲究公共礼仪的意识淡漠。

在国外,凡发达国家,见到最多的就是他们的民众很讲究公共礼仪,很注意自己在公共空间里的行为,令人感慨。比如,2002 年韩国世界杯,一场球赛过后,球场上未留下半片垃圾,为央视所称道。

可见,公共礼仪是需要不断学习和教化的。

本章将主要对乘坐公共交通工具的安全知识和礼仪原则以及驾驶交通工具、观看文体节目、入住宾馆酒店、旅游等的礼仪实操进行讲解和强化,达到文明出行、安全出行的目的。

第一节 乘坐公共交通工具的礼仪

乘坐公共交通工具的礼仪有很多,下面为大家一一讲解。

一、乘飞机的礼仪

乘飞机的礼仪原则：讲究公德，尊者优先，自我约束，遵守法纪，安全第一。

(一)乘坐飞机请别"任性"

(1) 登机后不要抢占行李架，要及时就座让出通道，如图 9-1 所示。

图 9-1　抢占行李架

(2) 全程系好安全带，防止飞机起降过程中和遇到颠簸时发生意外。
(3) 飞机起降和飞行途中应关闭手机和带遥控装置的电子设备，以免影响飞行安全。
(4) 在客舱内不要大声说话、随意走动，以免影响他人。
(5) 不要用脚蹬着飞机壁板，这样既不卫生也显得缺乏教养。
(6) 不能将座椅靠背调到最大角度，这样会影响后排旅客的舒适度，特别是用餐期间，应主动将座椅靠背调整到正常状态，不影响后排乘客用餐。
(7) 飞机未停稳不要打开行李架，以免行李滑落，砸伤他人。

(二)乘坐飞机应讲究卫生

(1) 讲究个人卫生，防止体味过重影响他人。
(2) 不要随意脱鞋，以免异味影响他人。
(3) 使用卫生间后要立即冲水。
(4) 不要随地吐痰和扔垃圾，这些污物可以放在前方座椅袋里配的清洁袋中。

(三)保证飞行安全

(1) 认真观看安全演示，对紧急情况应对心中有数。
(2) 行李、背包应放置在行李架上或座位下，以免影响通行，保证紧急情况时能最快撤离。
(3) 听从空乘人员劝告，不做影响飞行安全的事。比如，飞机颠簸期间站立走动。
(4) 不要随便触碰客舱内的安全装置，尤其是应急舱门，如图 9-2 所示。

图 9-2　飞机应急舱门

(5) 客舱内任何区域都不准吸烟，以防引发火灾。
(6) 遇到紧急情况保持冷静，听从乘务长指挥。
(7) 互相关心，互相帮助，发现旅客有特殊情况立即通知乘务员。

二、乘坐其他交通工具的礼仪

这里所说的其他交通工具是指火车、高铁、地铁、公交、出租车等公共交通工具。

乘坐其他交通工具的礼仪原则：讲究公德，尊幼优先，自我约束，遵守法纪，安全第一。

(一)乘坐其他交通工具也请别"任性"

(1) 候车时，请站在安全线内，不要急于张望而越线，以免发生危险。
(2) 排队候车，先下后上，礼让妇女、老人和孩子，如图 9-3 所示。

图 9-3　排队候车

(3) 听从工作人员指挥和引导。
(4) 主动给老、弱、病、残、孕让座，如图 9-4 所示。

图 9-4　主动让座

（5）勿在车内饮食，更不要吃味道过重的食物，以免影响他人。

（6）不要带着过于浓郁的香水味和满身酒气乘车，以免影响他人。

（7）不要让行李占座。行李占座是很失礼的，如图 9-5 所示，可将自己的行李放在身前的空地上，并保持走道畅通。

图 9-5　行李占座是很失礼的

（8）不要在车厢内化妆。化妆属于私密的事，应在家事先化好妆，当众化妆是很没礼貌的。此外，化妆品独特的香味、四处飞的粉末都有可能对其他乘客造成困扰。

（9）注意使用智能手机的手肘幅度。许多人会在乘车时用手机玩游戏打发时间，但要记得手肘幅度不要太大，以不碰触到他人为好。

（10）车内听音乐不要太大声。坐车时，许多人习惯戴起耳机听音乐，但注意不要音量过大，以免打扰到身边的乘客。

（11）不管是通电话还是和朋友聊天，都要控制音量，切勿影响他人。

(二)乘坐其他交通工具请讲究卫生

（1）勤洗澡换衣服，勿体味过重搭车，以免影响他人。

（2）不要随意脱鞋，以免异味影响他人，也不要用脚蹬踏壁板或蹬在前方座位上，这样很不文明，也很不卫生，如图9-6所示。

图9-6　脱鞋和把脚搭在前面座椅上都是很不文明的

(3) 使用车上卫生间后要立即冲水。

(4) 垃圾可收集在一起扔进垃圾桶。

(三)乘坐其他交通工具要注意安全

(1) 有安全带的交通工具要系好安全带。

(2) 注意查看应急锤的位置。

(3) 行李、背包放置在可固定又不影响出入的地方。

(4) 不随便触碰车内的安全装置。

(5) 如遇紧急情况要保持冷静，听从工作人员指挥。

(四)搭乘出租车的礼仪规范

(1) 乘客最好坐在后排，女士应当坐在右后座，方便上下车。

(2) 长辈和女士先上车后下车。

(3) 注意带好随身物品，不要将垃圾、废弃物留在车上。

三、候机(候车)相关礼仪

机场和车站都是公众聚集地，礼貌候机(候车)不仅可以体现良好的公民素质，也是出行安全的保证。候机(候车)礼仪原则如下。

(一)不"侵占"公共空间

在候机(候车)室内，座位资源是有限的，也是公共的。因此，不可将行李箱、大衣等放在座位上"侵占"公共空间，应主动给他人腾地方。

(二)不让自己的行李挡住过道

候机(候车)室人多，应注意保管好自己的行李，不要让自己的行李挡住过道，影响他人行走或服务。

(三)不大声喧哗

保持候机(候车)室安静,说话应低声,切不可大声喧哗,以免影响他人休息。

(四)要对工作人员的服务表示感激和赞赏

候机(候车)室工作人员很辛苦,不论在哪里候机(候车),都要对工作人员的服务表示感激和赞赏,当语言沟通不便时,最好的方式就是向对方报以微笑。

第二节　驾驶交通工具礼仪

一、驾驶机动车礼仪

随着国家的不断繁荣,拥有私家车和持有驾驶执照的人越来越多,交通法规管理虽然严格,但是每年违章、违纪引发的交通事故仍然很多,这都是基础礼仪知识学习不够引起的。要减少和避免这些问题,就应该自觉加强礼仪学习,提高礼仪修养。

(一)严格遵守交通法规

作为驾驶员要严格遵守交通法规,不开快车、英雄车、斗气车;不闯红灯,不违反道路交通标线;礼让非机动车和行人,特别是雨雪天气,注意不要将雨(雪)水溅到行人身上。

(二)懂得尊重和礼让

尊重其他驾驶员,注意礼让,宁停三分,不抢一秒。

(三)勿车窗抛物

驾乘人员要注意,不向车外吐痰、乱扔杂物,如图9-7所示。

图9-7　勿向车窗外抛物

(四)遵守行车秩序

不超速，不随意变道，不随意插队，遵守行车秩序，避免安全事故发生。

(五)停车不妨碍他人

严格按照划定区域停车，不乱停乱放，不堵塞应急、消防通道，不妨碍其他车辆和行人的交通。

(六)不鸣笛扰民

保持平和心态驾驶车辆，非特殊情况，不猛按喇叭或长时间鸣笛，以免打扰民众。

(七)正确使用车辆灯光

夜间驾车，正确使用远、近光灯(见图 9-8)；道路转弯，正确使用转向灯；车辆故障或特殊天气，正确使用应急灯。

图 9-8　应正确使用远光灯

(八)不酒后驾车

酒驾威胁他人和自身安全，要严格把控自己，不要酒后驾车。

二、骑自行车(非机动车)的礼仪

(一)严格遵守交通法规

骑车也应遵守行车交通法规，坚持在非机动车道骑行，不将自行车骑上机动车道，不闯红灯。

(二)注意安全

骑自行车不载人、不撑雨伞、不互相追逐或曲折竞驶，注意自己和他人的安全。

(三)礼让行人

骑车行进过程中，主动礼让行人。遇到老弱病残者、动作迟缓者或小孩，要给予谅解，下车推行。

以上礼仪原则中最重要的是遵守交通法规,因为法规的每一条都是以血为代价换来的。

第三节　观看文体节目礼仪

演出和比赛场所(见图 9-9)是为广大观众提供精神文化产品,进行精彩文体表演的殿堂,为了能在欣赏文体表演的过程中得到最完美的享受,在欣赏文体演出的过程中需要遵守以下基本礼仪。

图 9-9　国家大剧院

一、遵守时间

守时是个人素质的基本体现。尽管在高速发展的信息时代,人们的时间观念越来越强,但对于观看文体表演,少数人却有一种误解,他们认为这是一种个人休闲娱乐活动,因而无须守时。其实这是一个很大的误会。入场券上的开演时间或开赛时间,是演出或比赛机构对观众的承诺和尊重。出于对演员、运动员的同等尊重,观众理应守时。再者,迟到后在众目睽睽之下走进演出或比赛场地,会严重影响多数按时入场观众的欣赏效果。所以,也应该守时,并注意如下礼仪原则。

第一,应该在开演或开赛前 20~30 分钟入场,这样既可提前感受文体演出氛围,也可以为从容观看做好准备。

第二,若偶然迟到,要遵守剧场、赛场的有关规定,适时入场就近入座,待一个节目演出结束再轻轻入座。

二、注重仪容仪表

文体表演代表的是文化,前往观看应仪表整洁,着装大方,无异味。尤其是观看交响乐、芭蕾舞等高雅艺术,仪表着装应更讲究,男士穿西装打领带,女士穿典雅的时装,如图 9-10 所示。

图 9-10　衣着整齐观看文体节目

三、文明行为

由于演出或比赛场所是一个特殊的公共场所，为了不影响他人合理的观看权，在观看演出或比赛过程中应规范自己的行为礼仪。

(一)讲究个人卫生

观看文体演出前勿饮酒，勿食葱蒜等刺激性气味的食品。

(二)遵守公共秩序

凭票入场对号入座，手机应关机或静音。

(三)保持环境卫生

不将食品饮料等带入观众厅，以免进食声影响他人；在演出厅内不要吸烟及咀嚼口香糖。

(四)保持良好坐姿

保持良好观看坐姿，左右摇晃、忽前忽后会严重影响左右和后排的人观看，如图 9-11 所示。

图 9-11　观看演出要文明

(五)不可随意摄录

在观看文体节目过程中，未经许可不得录音录像和拍照，严禁使用闪光灯，如图 9-12 所示。

图 9-12　未经许可不拍照

(六)保持安静

欣赏演出或比赛时，不要频频地与同伴聊天或发表议论，以免影响他人。

(七)尊重艺术家

对于艺术家(运动员)的精彩表演，应报以热烈的掌声表示敬意，但不能大吼大叫或吹口哨等。

(八)献花需得到同意

一般情况下，观众不能随意向演员、运动员献花。如有特殊要求，应事先与工作人员联系，获得同意后，由工作人员安排献花活动。

(九)不在中途退场

为了表示对演员(运动员)的尊重和不影响他人观看演出，不要提前退场。如确有特殊情况需中途退场的，要在节目间隙轻轻退场，如图 9-13 所示。

图 9-13　演出未结束不要离席

四、注意事项

(一)咳嗽或打喷嚏要捂住口鼻

观看文体演出时,咳嗽或打喷嚏要用手帕或餐巾纸捂住口鼻,以免飞沫溅人。

(二)鼓掌有讲究

在欣赏交响乐或惊险节目演出(运动项目)的中途不能鼓掌,一是影响节目效果,二是可能给演员(运动员)带来不安全因素,而应在节目或比赛的间歇鼓掌。

(三)观看节目要文明

希望演员返场时,应以持续、热烈的掌声来表达自己的要求,而不要以叫喊及口哨声表达。一旦下一个节目的演员上场,则应立即安静下来。

忌:穿背心、短裤、拖鞋入场。

五、遵守安全规则

演出或比赛场所人群集中,安全问题需要格外关注。

(1) 严禁将易燃、易爆、有毒、有害等危险品带入演出或比赛场所;场内严禁使用各种明火。

(2) 楼上前排观众不要在栏杆上放置任何物品,包括节目单,以免落下伤及他人,更不能向下抛落物品。

(3) 如遇突发情况,要保持冷静,听从工作人员指挥。

(4) 在任何情况下都要特别关注儿童和老年人的安全。

知识拓展

不同的文艺演出形式,谢幕也有不同的讲究

一些小型和比较简单的演出,有时不安排总谢幕,而是在最后一个节目的演员谢幕后宣布演出结束,在这种情况下,应在最后一个节目谢幕时起立鼓掌,待演员谢幕退场后再离开座位按顺序退场。

大型演出和歌剧、话剧、舞剧、芭蕾舞的演出都会安排总谢幕程序。由一般演员、次要演员到主要演员等依次返台谢幕,这一过程时间相对较长,所以不需要站起,只在座位上鼓掌,到总谢幕结束时再起立报以掌声,待演员退场或大幕开始关闭时再按顺序退场。

交响乐会的谢幕有独特的形式,其顺序与芭蕾舞、话剧等的演出相反。演出结束,指挥先谢幕,然后是首席,最后是全体乐手起立谢幕。退场也是指挥先退场,然后首席、其他乐手依次退场。在谢幕过程中观众只需在座位上鼓掌,所有乐手离开后即可退场。

第四节 入住宾馆、酒店礼仪

不论是出差还是旅行，都不可避免会入住宾馆、酒店，但宾馆、酒店不是自己的家，它们只是暂时租住的地方。所以，入住宾馆、酒店必须遵循以下礼仪原则，才显得有素养。

一、宾馆、酒店预订礼仪

需要入住宾馆、酒店，最好提前预约。预约不仅可以通过网络，还可以通过电话、传真、微信等方式。预约内容包括入住时间、住宿天数、住房标准、住房者姓名、联系方式、入住当天大概几点到达，同时要问清房价。宾馆、酒店一般会在一定的时间内保留预订房间。

万一到达时间比预订晚得多，为避免预订被取消，就要尽早打电话通知宾馆、酒店。若要取消房间，也必须及时打电话通知宾馆、酒店。

二、宾馆、酒店入住礼仪

入住宾馆、酒店时，应注意自己的仪容仪表，不要过于邋遢，尤其不要穿着邋遢的圆领衬衫和陈旧的牛仔裤出现在五星级酒店的大堂。进入五星级酒店，最好穿着有领的衬衫，下身搭配干净整齐的裤子，如图9-14所示。

进入酒店大堂，首先应该到前台登记。

图9-14 入住要文明

入住过程中，不要四处张望，也不要随意拍摄照片，以免引起酒店工作人员的怀疑。

> 小贴士：五星级酒店对入住时的着装没有要求，但在酒店餐厅或酒吧则要求着西装。

三、客房礼仪

(一)得到帮助要道谢

办好入住手续后，如果行李员帮你搬运行李，要礼貌地道谢，如图9-15所示。

第九章 公共礼仪

图 9-15　行李员帮忙拿行李

(二)爱护宾馆、酒店设施

爱护宾馆、酒店设施，不要损坏宾馆、酒店公物。

(三)讲究公共场所礼仪

大厅和走廊是酒店的主要公共场合，不要大声说话和吵闹，以免影响他人休息；也不要蹦蹦跳跳，显得幼稚；更不要穿着睡衣或浴衣转来转去，让人觉得不雅。

(四)讲究卫生

入住宾馆、酒店，应保持室内清洁，这样才有一个好的休息环境，废弃物不要随手乱扔，而应归入垃圾桶，如图 9-16 所示。

图 9-16　爱护房间卫生

(五)不在客房内吸烟和吃有异味的食物

宾馆、酒店是临时租住的地方，切不可随心所欲，不可将他人不喜欢甚至是讨厌的味道留在房内，不可在客房内吸烟和吃有异味的食物。

(六)树立环保理念

如果要在同一酒店连续住几天,可以告诉客房服务员,床单和牙刷不必每天都换,这样的客人会受到酒店的尊重和欢迎。

(七)在客房用餐后要收拾

在房间内用餐完毕,要用餐巾纸将碗、碟擦干净,放在客房桌上方便服务人员收回。

(八)保持室内干燥

沐浴时,应把围帘的下部放在浴盆里面,这样就不会把水弄到外面地板上(若使用浴缸,浴帘的下部要放在浴缸外面),既保持了室内的干燥,也可防止滑倒。

四、入住宾馆、酒店注意事项

(一)关注并读懂客房门背后的图纸

这是一张印有本楼层平面示意的"逃生路线图",清晰地标志出本房间的位置和房号,同时有一箭头(通常是红色)自房间的位置沿走廊指向最近疏散部位,如图9-17所示。

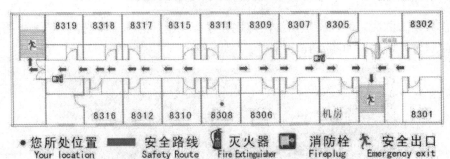

图9-17 逃生路线图

规范的酒店建筑,房间门距离外部出口或楼梯间的最远距离都有控制标准,如高度超过24米的酒店,房间门到楼梯间的最远距离是30米。

注意: 发生火灾时,不能使用电梯。

(二)留意绿色指示牌

这是一些绿色长方形、画着人奔跑形态的指示牌,如图9-18所示。

发生火灾、地震时,为了避免更大伤亡,正常照明用电会被切断,这些有应急电源的绿牌子会显得异常明亮,按照它们的引导,无论在宾馆、酒店的哪个空间里,都能以最便捷的路线找到出口。

图 9-18　安全出口指示牌

指示牌的位置。公共区域里，通常在门的上方，表明从这里出去；走廊里，它通常在墙的下方，因为发生火灾时，应该俯身或匍匐前进。

(三)疏散门的开启方向有讲究

宾馆、酒店的安全门和楼梯间的安全门都是开向逃生疏散方向的，只要用力向外推，就可以很方便地打开。

现在有一种疏散用的门，设计上更加完善，用身体的任何部位推、撞都可以轻易打开，避免了慌乱之中找不到门把手。

(四)防毒面具摆在柜子里

比较高档的酒店房间，柜子里会备有防毒面具，如图 9-19 所示。

(a) 防毒面具外包装

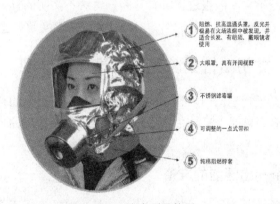
(b) 防毒面具使用

图 9-19　防毒面具外包装及使用方法

这个装置在规范中不是必需的，但要能发现它，并看清说明，学会使用。

(五)要有防范意识

入住宾馆、酒店，进出房间要随手关门，睡觉前要挂好门的保险链(扣)，如图 9-20 所示。

到国外旅游时更要特别注意安全，即使门锁住了，也要再仔细检查一遍。

图 9-20　酒店房间门扣

五、离酒店礼仪

离开酒店时，不要随意带走酒店的毛巾、睡衣或其他物品，这样做会导致令人尴尬的局面出现。

如果不小心弄坏、弄脏了酒店的物品，要勇于承担责任并加以赔偿。

第五节　出国旅游礼仪

近年来，随着人们生活水平的不断提高，出国学习、出国旅游已非常普遍，但是，关于出行不文明的报道也时有耳闻。这些不文明的行为，有的是本身就缺乏礼仪知识，有的是不了解他国文化造成的。应该如何才能避免这些尴尬呢？

一、文明出行是公民基本素质的体现

公民走出国门，代表的不光是自己，更重要的是体现着一个国家公民的基本素质，换句话说，就是全民族的基本素质。要想以高素质的形象走出国门，就必须提前做好功课，遵循以下礼仪原则。

(一)出国前的准备

不论是学习还是旅游，出发前最重要的准备工作就是了解目的地国家和地区的文化背景、风俗习惯以及应该注意的问题。比如说到西班牙，西班牙人性格开朗、热情，但容易激动，有时发生争吵是很正常的，他们对此已习以为常。西班牙人吃东西时，通常会礼貌地邀请周围的人与他分享，但这仅是一种礼仪上的表示，切不可贸然接受，否则会被他们视为缺乏教养。

当然还必须了解这个国家关于小费的礼俗。

如果能够简单掌握几句如"你好""谢谢""再见"等该国的社交语言就更好了。

(二)文明出行

搭乘飞机出行时应注意，除了要自觉遵守航空公司的规定外，还要讲究其他方面的礼仪。为中国"形象"加分，需要每一个中国人身体力行，将文明行为内化于心，外见于行。

第九章　公共礼仪

1. 了解航空公司

前些年，中国乘客在飞机上打闹的事件连续发生了好几起，都是因为不了解或者不遵守航空公司的规定造成的，轻者拳脚相加，严重的甚至导致飞机返航。如何乘坐飞机才能体现出良好的公民素质呢？首先，应该了解航空公司。

1) 廉价航空很多服务要收费

很多人出行，经济实惠是考虑的主要因素之一。现在，国内外有很多廉价航空公司。在选乘廉价航空的时候乘客必须明白，低成本航空拥有一个共性，那就是：低票价的前提是控制成本，控制成本意味着航空公司提供的免费服务有限，很多服务都是要收费的。这与传统的航空公司区别明显。

例如，乘客不懂"廉价航空"热水要收费引发返航事件。

这起事件的起因是对航空公司服务不满的"机闹"事件，涉事游客是安徽阜阳籍张某、江苏南京籍王某。二人登机后，要求空乘人员将两人座位调换到一起，后来虽然做了调换，但耽搁时间引起了张、王二人不满。这个航班为廉价航班，机上不提供免费餐饮。飞行途中，张某要求空乘提供热水泡方便面，空乘告知热水要收费。在空乘为其提供热水后，张某仍与空乘发生言语冲突，并将泡好的方便面泼向这位空乘，最终导致航班返航。

虽然许多乘客都知道低成本航空票价便宜，但其买票规则一般人不会仔细看，结果产生纠纷。那么，作为旅客，如何尽量去避开这些"雷区"愉快出行呢？

第一，要明白低成本航空只提供基本服务，诸如餐饮等服务都要收费，如图 9-21 所示。

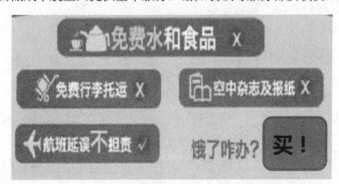

图 9-21　低成本航空许多服务都是要收费的

第二，购买"廉价航空"的机票后，不要轻易航班改期、取消行程。如果不小心把日期订错了，或者因为有事需要改期乘机，往往是无法退票的。如果需要改签，改签费一般也非常昂贵。

第三，购机票前看清楚航班降落机场的地点、时间。低成本航空时常会选择偏僻的小机场，而且航班到达时刻也较晚，最后打车的钱比机票还贵。

第四，行李从简。很多廉价航空托运行李是另外收费的，且有一定的限额。如果超过这个"基本限额"，还需另外支付逾重行李托运费，如图 9-22 所示。

第五，付款要注意。由于低成本航空很多时候可网络抢票，因此会发生网络拥堵、页面出错的情况，一定要确认好是否付款成功，以免重复买票。

图 9-22　乘坐低成本航空行李从简

第六，如果买低成本航空的联程机票，两个航班的衔接时间不要太紧，以免误机。如果航班出现晚点，后面的航班赶不上，很多低成本航空公司是不负责的。

第七，做好航班突然取消的心理准备。一旦航班取消，在境外要退票的话，速度非常慢，所以应尽量少买深夜出发的航班。

第八，如果出国乘坐低成本航空航班，就需要了解清楚签证政策，不少低成本航空工作人员对签证政策了解不多，容易遇到麻烦。

第九，国外一些低成本航空公司为了节约成本，会在网上免费办理登机牌，而到现场柜台办理登机牌是要收费的，而且不便宜。

2) 普通航空公司也有许多规定

在普通航空公司购票要注意哪些问题呢？

第一，不要轻易航班改期、取消行程。如果订错了机票日期，或者因为有事需要改签，改签费用是很高的。有的打折机票是不退、不改签的。

第二，行李从简。普通航空公司的行李托运也有一定限额，只是这个额度大于廉价航空的"基本限额"，超过这个限额需要另外支付逾重行李托运费。

第三，如果购买联程机票，应尽量买同一航空联盟的票(如中国南方航空公司和中国东方航空公司都是天合联盟成员公司，天合联盟标志如图 9-23 所示；中国国际航空公司是星空联盟成员公司，星空联盟标志如图 9-24 所示)，以方便衔接，遇到问题也比较容易解决。联程航班时间衔接不要太紧，以免误机。如果航班出现晚点，后面那个航班赶不上，除了同一联盟的，其他的在境外改签比较麻烦。

图 9-23　天合联盟标志　　　　　　　　　　图 9-24　星空联盟标志

第四,做好航班突然取消的心理准备。一旦航班取消,在境外办理退票、改签都很麻烦,所以应尽量少买深夜出发的航班,以免航班被取消。

第五,要了解清楚签证政策,有不明白的问题,可向航空公司工作人员咨询,一般乘务长能够为你解答有关问题。

2. 了解机场

国际机场是我们出国旅行的起点和终点,了解国际机场服务对顺利旅行有十分重要的意义。

第一,必须保证提前 2 小时以上到达机场。外出旅行是一件令人愉快的事,在机场或去机场的路上也许会遇到这样那样的问题,因此,在时间上要留有充分的余地,确保不误乘、漏乘航班。

第二,行李托运。箱包应整理打包并且锁好,防止中途被他人打开,造成物品丢失。贵重物品勿托运。

第三,境外机场税。境外机场税其实就相当于我国的机场建设费,在国内这种费用都包含在机票价格中,在国外需要在机场单独交,一般是在换了登机牌以后交。

第四,各种检查是必要的。不同国家有不同的规定,按照当地国家规定做可以免去许多麻烦。有问题寻求帮助,好好解释,忌大吵大闹。

第五,机场退税。出国回程,许多人都涉及机场退税问题。退税时应提前到达,清理退税单,排队等候退税。

二、境外旅游文明住宿

在国外住宿需要注意的礼仪包括以下几方面。

第一,遵守酒店里的规定。

第二,许多国家,除了前台之外,停车场的服务人员、行李员、客房服务员、送餐员都需要给小费。

第三,要尊重服务人员,常常需要口头表述你的感激和称赞。

第四,旅馆通常晚上 10 点后进入休息时间,要保持安静。

第五,请勿在大堂高声喧哗。

第六,注意保持房间内的卫生,垃圾归放在垃圾桶内。

第七,不要在房间内吸烟或吃味道重的食品(笔者在瑞士住过的一家酒店里就看到用中文书写的警示牌"请不要在房间里泡方便面")。

第八,爱护酒店设施。

三、文明旅游

外出旅游,不论在国内还是国外,都要尊重旅游所在地的人民和文化,遵守景区管理规定。

(一)不随意拍照和使用闪光灯

不在博物馆、展览馆和其他有禁止拍照标志的区域拍照，不随意使用闪光灯，以免损坏展品和文物。图9-25所示为踏入草坪拍照的不文明行为。

图9-25 拍照的不文明行为

(二)爱护景区公共设施

不随意踏入草坪、花园或旅游禁区；不攀爬景区的雕塑和建筑。

(三)注意行为文明

不大声喧哗；不说不文明的语言；不随意席地而坐；不在公众面前宽衣或赤裸上身；所到之处遵守秩序，礼让他人；遵守当地交通规则，不闯红灯，不翻越栏杆；不在公共场所吸烟；不随地扔垃圾和吐痰；不在大街上吃东西。

(四)防止被盗和被骗

出外旅游，一定要管理好自己的随身物品，尤其是证件和财物，以防丢失或被盗；不要轻易相信不认识的人，以防被骗。

(五)出现问题及时请相关部门协助解决

外出旅游前，要了解当地治安情况以及有关部门的电话，保证在出现问题的时候能够向相关部门求助，方便问题的解决。

忌：乱涂乱画、不讲秩序、随地吐痰、乱扔垃圾。

四、旅游注意事项

(一)小费问题

在国外旅行，随时都可能遇到支付小费的问题。付小费应入乡随俗。国外收小费的行业主要有酒店门童、行李员、送餐员、客房服务员；餐厅领位员、侍者、乐手、卫生间保洁员；美容师、发型师、泊车者；出租车司机；影剧院衣帽厅侍者、节目单发放者、剧场领位员；旅游观光导游员、驾驶员等。如在泰国，顾客所付的小费，无论多少，都是可以的；在新加坡，付小费是被禁止的，如若付小费，则会被认为服务质量差；而澳大利亚没有付小费的习惯；在瑞士，司机可按明文规定收取车费10%的小费。

国外的小费礼仪有：掌握付费时机，按质付费；尊重对方，要悄悄地给对方。

注意： 应区别不同国家和地区的付费额度。

(二)习俗问题

世界那么大，都想去看看。真要走出去，就必须提前做好功课，了解当地的民俗。

例如，在西班牙，当地妇女有"扇语"。当妇女打开扇子，把脸的下部遮起来，意思是：我是爱你的，你喜欢我吗？若一会儿打开一会儿合上，则表示：我很想念你。因此初到西班牙的妇女，如果不了解扇语，最好不要使用扇子。

又如，在我国新疆，宗教禁忌较多，特别禁忌穿短裤、短小衣物外出。在维吾尔族人家做客时，则不可以将湿手乱甩；用餐时不可以从餐布或主人面前跨过，也不可以当着主客的面吐痰、擤鼻涕等。维吾尔族有许多节庆表演，路过时也不要驻足观看。如果不了解当地的民风，最好不要到少数民族聚居地去旅游，以免不快而归。

五、旅游禁忌

一忌不考虑安全盲目蛮干，身陷险境。

二忌不懂得自律和克制，引发纠纷。

三忌爆粗口或动手打人。

基础礼仪学习其实就是提高读者综合素质的一种有效手段，是社会主义精神文明建设必不可少的教育内容。基础礼仪知识需要在不断学习修养的过程中潜移默化，最后方能达成较高的民族素质。

思考与练习

1. 我们需要遵守公共礼仪吗？
2. 乘坐公共交通工具应当注意哪些方面的礼仪？
3. 你认为学习礼仪对驾驶交通工具有帮助吗？
4. 在观看文体节目、入住宾馆酒店和旅游过程中你是否发现了其他不文明的现象？对此你有何感想？

第十章 礼仪知识在求职过程中的应用

学习目标

掌握求职过程中会遇到的基础礼仪知识,并能熟练操作运用。

学习任务

对前面所学的基础礼仪实操知识进行总结梳理,并能将这些礼仪知识熟练地运用到从简历书写、电话考察到面试的求职全过程。

求职在今天来说不是一个新奇的话题,也不只是高校毕业生才会面临的问题,这是所有年轻人真正实现独立生活,走向人生新阶段的必由之路。可以说,在求职路上每个人都希望走得顺利,不出现失误造成遗憾。

众所周知,从简历书写、电话考察到面试,每个环节都有可能因为细节问题淘汰一部分求职者。如何才能使自己在整个求职过程中脱颖而出?基础礼仪的实际应用可以说是求职者的最佳助力。

第一节 简历书写与投送礼仪

简历是求职者给用人单位的自我介绍,是用人单位简历筛选人决定是否留下求职者进入下一个考核环节的关键判断依据,因此,个人求职简历书写、投送需要注意以下礼仪。

一、简历书写礼仪

简历书写遵循"方便他人,实事求是"的礼仪原则。

第十章　礼仪知识在求职过程中的应用

(一)简历书写不宜过长

一般人的简历限制在一张 A4 纸范围内最好。简历过长占用了看简历人的有效时间，同时，也会让人觉得求职者的总结归纳能力较差。

(二)有效信息不能少

简历书写一般分为以下几个部分。

1. 个人基本情况

姓名、性别、出生年月、民族、政治面貌、身体状况、毕业院校、学历学位、居住地址、联系方式(联系电话、邮箱)、1 寸白底证件照。

2. 教育情况

毕业院校、所学专业、在校时间、英语等级、获奖情况。

3. 专业能力

各种资格证书、参加研究情况。

4. 社会实践情况

实习或工作单位，实习或工作时间，实习或工作收获(这一点很重要，关键是学到了什么，有哪些提高)。

5. 兴趣爱好

兴趣爱好可以是广泛的，也可以是擅长的，总之应该是积极向上的。

6. 简单自我评价

简单自我评价一般限制在一两行字即可，所以需要认真思考，总结提炼出最符合自己特征的语言。

(三)方便用人单位阅读

求职者要在有限篇幅里让自身形象跃然纸上，方便用人单位了解自己，简历版面安排上就要突出重点，便于阅读，比如关键词采用字体加粗等方法。

二、简历投送礼仪

现在求职，基本都先在网络上进行简历投送，通过筛选之后才能进入下一个环节，报考公务员也是如此。为保证能在网络筛选中脱颖而出，请注意简历投送礼仪。

简历投送遵循"标准规范"的礼仪原则。

(一)邮件礼仪

求职者一般是以邮件形式发送自己的简历，因此，要特别注意邮件礼仪。

1. 称呼要得体

邮件其实是求职信，应以书信礼仪称呼招聘信息中的联系人，称×××先生或女士，如果不能确定性别最好称×××老师。如"张先生：您好！"

2. 邮件主体书写规范

在邮件主体中用最简单的语言介绍自己，并明确求职的部门和岗位。

3. 要有祝福语

邮件书写完毕，按照书信礼仪要求，祝福语、落款和日期一样都不能少。这些是细节，别忘了"细节决定成败"。因为一般的人力资源管理者都很注重细节。

4. 文字不要太长

邮件以不拖动滚条就能读完为最好。

(二)做好附件

把简历、证书、奖状等做成一个一键打开的文档，这样既方便别人阅读，也方便别人保存。凡事能为别人考虑的求职者会更受欢迎。

三、注意事项

个人简历或求职信都不宜过长，除非是有特殊经历或贡献的。当然也不能过短，寥寥几字，并不能全面地介绍自己。

个人简历必须实事求是，因为绝大多数用人单位是要进行背景调查的。

第二节　电话考察礼仪

电话考察是求职的第二个关键环节。求职者如果在这个环节失误，将失去后续的考试或者面试机会，所以，运用好电话礼仪很重要。

凡是递送了求职简历的求职者，必须做好随时接受用人单位电话考察的心理准备，除了要熟悉自己简历的全部内容之外，还应当认真重温电话礼仪：快速接听，首先问好，自我介绍，认真回答对方提出的问题，保持谦虚，语气温和友善，后挂断电话。防止发生下列不符合电话礼仪的问题。

一、防止"前倨后恭"

现在的骚扰电话很多，接到骚扰电话会严重地干扰接听者的心情，导致许多人一看到陌生来电就会心情烦躁，想发脾气。求职者切记，在求职期间接听陌生号码来电要尽量保持平和心态，语言文明柔和。倘若来电是用人单位进行电话考察的，求职者一开口就粗声大气，会引起对方反感，之后尽管求职者再以谦恭的语气交流，都无法挽救"前倨后恭"的事实。"前倨后恭"的人不受用人单位欢迎。

二、防止"答非所问"

接听用人单位的考察电话要保持精力高度集中，避免三心二意，或脑子里还想着其他事。应准确而肯定地回答对方提出的各种问题，不能用"也许""好像""大概"这类似是而非的词，更不能出现答非所问的情况。

出现答非所问的情况，用人单位会认为求职者并没有真正把他们作为求职首选，所以不重视用人单位的电话考察，当然用人单位也不会为求职者保留机会。

三、防止"表达不清"

对于电话考察，用人单位的考察蓝本不外乎是求职者自己的简历，因此要提前做好应对准备。除了对一些特殊问题，比如日期、特殊数据等烂熟于心外，对重要内容中的关键词也要进行整理，以便回答提问时能清楚、有序、准确，防止漏掉需要提供给对方的重要信息。

第三节　面试礼仪与面试技巧

求职进入面试环节，也就是进入最关键环节，说明求职者距离成功仅一步之遥。如何才能取得面试成功，是求职者们一直都在努力探索的问题。其实，求职者应当明白，面试环节中，用人单位需要考察的不外乎是两方面的信息：一是求职者的个人气质，即外在信息；二是求职者的综合素质，即内在信息。只要按照用人单位岗位要求，把以下两个方面做好，通过面试考核会容易很多。

一、面试礼仪

(一)提升个人气质

求职者的个人气质提升不是一蹴而就的，要在以下几方面遵循面试礼仪的基本原则，并提前准备和加强自我训练方可获得。

1. 仪容仪表

仪容仪表遵循"发型修剪(梳理)整齐，身体无异味；面部干净整洁，女士妆面清新；衣着得体，熨烫平整，袜净鞋亮"的礼仪原则，提前准备可获得好的面试效果。

(1) 修剪头发。最好在面试前一周修剪头发。因为刚修剪的头发看起来生硬不自然。

(2) 准备好面试服装和鞋袜。提前几天挑选合适的正装，男士应备与服装颜色协调的领带、黑色皮带，检查衣裤纽扣是否齐全，拉链是否好用，鞋子是否合脚。将服装熨烫整齐，皮鞋擦亮备用。如果是新购买的服装和鞋子，应提前试穿一天，以免面试当天因为穿新衣、新裤或新鞋显得拘谨和不适。

(3) 修剪指甲和手部护理。面试前一天修剪指甲，使指甲不超过指尖 2 毫米。女士有染指甲的要清洗。做一次手膜，让手部皮肤看起来湿润不干燥。

(4) 面试当天准备。面试当天应洗头洗澡，用止汗露，保证面试期间身体无异味；头发梳理整齐；男士修剪鼻毛，女士化淡妆；最后才穿上面试服装(这是防止头皮屑掉在衣服上)。

2. 立、行、坐姿与鞠躬

在面试环节，立、行、坐姿也会决定求职者的去留。因此，面试过程中求职者应遵循"精神饱满、身姿挺拔、动作高雅、站如松、坐如钟、行如风"的礼仪原则。

(1) 站姿训练。面试前几周，坚持每天使用 9 点法进行 2 次，每次 30 分钟以上的贴墙站训练，以获得持久挺拔的站姿。当然，在面试现场也要时时提醒自己，切勿松弛。精神饱满、身姿挺拔的求职者是很受用人单位欢迎的。

(2) 走姿训练。须要 2 周以上时间。求职者在行走时自觉保持昂首挺胸，肩平背直，目光平视，面带微笑，直线行走。男士步幅 70 厘米，步频 110 步/分钟；女士步幅 30 厘米左右，步频 118～120 步/分钟。并且时时提醒自己，不可松松垮垮、弯腰驼背，方能保证在面试现场走出自己的气质。

(3) 坐姿训练。良好的坐姿除了给考官美的感受之外，更主要的是传递出求职者的自信。在面试前自己进行坐姿训练的内容包括：坐下、起身和手的放置。

求职者走到座位前面，背对座位，上半身直立并缓缓坐下；男士双腿分开与肩同宽，女士双腿并拢；坐下后保持身体端正，面带微笑。双手叠放或分开与肩同宽放在身体前的桌上。面试结束缓慢直立起身离开座位。

注意：不论入座还是起身都不要弄响桌椅。

(二)彰显个人素质

1. 等待、鞠躬、目光

(1) 等待。提前 15 分钟到达面试地点；不高声说话，手机关机或静音，不接打电话；保持环境清洁；不扎堆聊天和议论他人，更不要议论自己的老师和同学；进入考场主动向引领人员致谢；开关门动作要轻；用过的物品归回原处；随手关门。

(2) 鞠躬。参加面试者在进入面试现场指定位置站好之后，应主动向全体面试考官行鞠躬礼；面试结束离开座位之后，也应站立向面试考官行鞠躬礼，躬身 30°为宜。

注意：切不可边走边行礼，这样显得不尊重面试考官。

(3) 目光。当走进面试现场和离开面试现场的时候，求职者的目光都应该投向面试考官，如果是多位考官，要跟每位都有眼神交流。落座后目光落在主考官的双眼与下颌形成的中三角区。

注意：不要死死盯着一个人看。目光一般 3～5 秒移动一次。目光除了跟主考官交流

第十章 礼仪知识在求职过程中的应用

频繁之外，也要保证跟其他面试考官有适当交流。

2. 语言

求职面试应注重语言礼仪。鞠躬前先问好，比如："各位考官好！""谢谢各位考官！"

二、面试技巧

面试是人力资源甄选的重要手段，用人单位是要通过面试发现适合自己使用的人才，面试全过程都有基础礼仪的影子，面试技巧也饱含深厚的中华礼仪文化。

1. 声音的技巧

声音遵循"面带微笑，声音明亮，吐字清晰，音量适中"的礼仪原则。

求职者在回答问题时应面带微笑，声音不宜过大，以考官能听清楚为宜。声音过大显得修养较差；急促和低声说话则是胆怯和不自信的表现。

2. 回答问题的技巧

回答问题的技巧遵循"听清再讲，有序表达，把握语速"的礼仪原则。

面试考官说话时不可打断，不可抢答。抢别人的话头是极不礼貌的，这样的求职者不会受欢迎。回答问题不按顺序，很容易造成漏答，同时也显得求职者思路不清晰。

听清再讲。听明白考官提问的意思并整理自己的思路后再回答，做到条理清晰，不要急于回答。

有序表达。可用"第一、第二、第三"或者"首先、其次"等作为开头语来组织语言，可以用"总的来讲""综上所述"作为最后结论语的开头。

说话还要学会留余地。比如，"我将从以下几方面回答"，那么说几个方面都不会错，但是如果求职者给了一个定语，如"我从以下两方面回答"，答完之后觉得还有一个方面想说，那就不能再说了，即使说了，也会被考官认为语言逻辑有问题。

把握语速。语速慢点可以避免发音等方面的错误，同时增加思考的时间。回答完毕可以谦虚地表示"不知道这样回答是否正确"。

注意：回答面试考官提问时切勿使用平时说话的口头语，比如，"嗯""这个"等。

3. 分析问题的基本思路

分析问题遵循"全局观念，发展眼光，积极态度"的礼仪原则。

用全局观念分析问题。就是要考虑问题涉及的各个方面，既要考虑好的方面，也要分析不好的方面，避免发生以偏概全的错误。

用发展的眼光看问题。既要看到现在，更要看到将来，要考虑到发展趋势，看到机会和希望。

以积极的态度处理问题。用相互联系、一分为二的观点判断事情的利弊两方面，更多地考虑可以利用的机会，考虑事情带来的积极影响，而不是从消极、悲观的角度考虑问题。

4. 懂得收敛锋芒

面试过程中应遵循"谦虚谨慎，不骄不躁"的礼仪原则。

求职者在面试过程中不要太过傲慢、太过张扬，语言不要过于犀利，要内敛。回答问题尽量避免"我认为"一类的说法。

求职者在面试过程中要正确理解考官多提问。面试考官多提问是好事，说明他希望加深对求职者的了解，求职者要把握机会，认真回答，切不可理解为面试考官刁难自己。一般来说，考官会对感兴趣的求职者多提问题，求职者只要积极、正面地去回答就行。

5. 不说不合适的话

求职者在面试过程中遵循"尊重他人，维护国家"的礼仪原则。

求职面试者在回答考官问题时，不贬低他人，不议论政府，更不诋毁党和国家的声誉。

如果求职者在面试过程中说了不合适的话，很大程度上被淘汰了。

三、求职面试注意事项和禁忌

1. 注意事项

(1) 用人单位希望求职者具有团队协作精神。个人标新立异，有别于他人的性格特点；以高深理论压服别人，不懂变通，与现实隔离；盲目自信，只认为自己的观点正确，否定一切等，都不会受欢迎。

(2) 说话啰嗦，为了表现自己，发言旁征博引，毫无时间观念或表现懒散，也不受欢迎。

2. 禁忌

一忌打断、补充或反驳面试考官的话。

二忌谈论自己一知半解的问题。

三忌回答问题涉及个人隐私。

参 考 文 献

[1] 马玲玉. 机场要客服务[M]. 北京：航空工业出版社，2013.
[2] 金正昆. 涉外礼仪教程[M]. 4版. 北京：中国人民大学出版社，2014.
[3] 徐家华. 化妆基础[M]. 北京：中国纺织工业出版社，2009.
[4] 周文柏. 中国礼仪大辞典[M]. 北京：中国人民大学出版社，1999.

后　　记

　　花了许多时间，终于完成本书的再版编写工作，反复检查好几遍，力求能够全面一些，我们知道，没有最好，只有更好。

　　在这里笔者要感谢北大、清华等高校的同学们，是他们学而不厌的精神感动和鼓舞了我们，促使我们不断地完善自己。

　　《基础礼仪实操教程》以简单易懂的语言、易于操作的流程、详尽细致的动作分解为特点，把复杂问题简单化，解决了"是什么""为什么""怎么做"的问题。

　　我们由衷希望《基础礼仪实操教程》带给大家更多礼仪学习上的方便。